JN201134

2050年の図書館を探る

何が変わり・変わらないのか

野口武悟・新藤透・千錫烈・長谷川幸代 編著

日外アソシエーツ

装 丁：小林 彩子（flavour）

はじめに

近年の人工知能（AI）、特に生成 AI の急速な普及は、私たちの日々の暮らしだけでなく、さまざまな業務にも今後大きな影響を及ぼすだろう。先日、ある図書館の司書が「仕事の大部分は AI にもっていかれるのではないか」との不安を口にしていた。もちろん、不安だけでなく大いに期待している人もいるに違いない。いずれにせよ、近い将来（例えば、今から 25 年後の 2050 年）に、今とまったく同じ図書館の姿がそこにあるとは考えにくい。では、2050 年の図書館はどうなっているのだろうか。

思い返してみれば、これまでの 25 年（2000 年～ 2025 年）だけを見ても、図書館は大きく変わった。例えば、個人のインターネット利用率は、1997 年には 1 割にも満たなかったが、2000 年には 3 割を超え、現在は 8 割を超えている（総務省調べ）。こうしたインターネットの普及に伴って、図書館も、公共図書館や大学図書館では目録の OPAC 化やウェブサイトでの情報発信はもはや当たり前となった。また、2020 年のコロナ禍以降は公共図書館においても電子図書館サービスの提供が急速に広がった。その一方、公共図書館設置率は高まっているにもかかわらず、資料購入等にかかる予算や司書等の職員数は削減される傾向にあり、図書館の基礎体力はむしろ弱まってきているようにさえ感じる現状にある。

つまり、「変化」といったときに、そのベクトルは、必ずしも図書館にとってプラスの方向ばかりとは限らないわけである。もちろん、マイナスの方向への「変化」が生じようとしたとき、それをいかにしてプラスの方向に転じるかをしっかり議論していくことが重要である。冒頭の AI も、これからの図書館にとってプラスもマイナスも両面あり得るだろうが、プラスの方向になるようにしっかり議論して、それを生かしていくことが欠かせない。

本書は現在、大学で図書館情報学の研究と教育に携わっている教員らによって、今から25年後の2050年の図書館を見据えて、各々の専門の見地から現状と課題、提言等をまとめたものである。読者の対象は図書館の実務に携わる司書等の職員にとどまらない。これから司書を目指す学生はもちろんのこと、広く図書館に関心を持つ市民にも読んでいただけると幸いである。2050年の図書館はどのような姿になっているのだろうか、あるいはなってほしいのだろうか。本書がそのことを共に考える一助となることを編著者一同願っている。

2025年1月

編者を代表して
野口 武悟

「2050年の図書館を探る」目次

第９章
これからの司書の専門性と司書養成………153 （長谷川幸代）

第１章

座談会：
過去から現在　25 年間の変化・
これから 25 年後の変化

パネラー紹介

野口 武悟（専修大学）

新藤 透（國學院大學）

千 錫烈（関東学院大学）

長谷川 幸代（跡見学園女子大学）

細川 博史（株式会社 図書館流通センター（TRC）取締役）

青木 竜馬（日外アソシエーツ株式会社　営業部長）※進行役

◆パネラーの25年前

〔青木〕「2050年の図書館を探る」を刊行するにあたって、2050年はいまから25年後ということですが、まずは皆さんの25年前がどんな時代だったのか？何をしていたのか？を語っていただこうと思います。それでは、細川さんからお願いします。

〔細川〕TRCの細川です。私、こういった座談会って初めてでして、不慣れな部分はご容赦ください。実は25年前、つまり1999年の業務内容を、当時自分が記した報告書がまだ残っていましたので、事前に見返してみました。

当時は四国4県や福岡県・山口県を担当していて、図書館の新設、電算化が花ざかりの時期でした。大規模図書館の電算化は粗方済んでいたので、中小規模の市町村立図書館をお手伝いするのが主でしたね。私が担当しているだけで、1999年は新設が6館、新規が3館あり、図書の売上だけで6億円を超えるくらいあったようです。私一人で、です。その頃はほとんど休んだ覚えがありません。当時は目録カードからデータ化するという方法が主流でした。

運営については、福岡県の福岡市総合図書館バックヤード業務受託が1996年から始まっており、1999年からカウンター業務もお請けしました。2024年現在、お請けしている館は598館ありますが、そのトップバッターとなるお客様でした。ちなみに指定管理者制度が初めて導入されたのも福岡県でして、北九州市の分館（門司・戸畑）で2005年に始まっています。当時は何をしたら良いのかちんぷんかんぷんで、先輩や自治体のお客様からいろいろ教えていただきながら準備したのを覚えていますまたこの頃、「緊急雇用」と呼んでいたのですが、旧労働省の「緊急地域雇用特別交付金」、これは主に資料の電算化作業に使われたもので、多くの図書館が恩恵を受けたと思います。

また、旧厚生省の「全国少子化対策臨時特例交付金」というのもありまして、これは児童書・育児関連書の図書購入費に活用されていました。私の1999年というのはこのような感じでございます。

〔青木〕ありがとうございます、それでは次、野口先生お願いします。

〔野口〕専修大学の野口です。ちょうどここに、インターネットの利用率の推移についてまとめたグラフがあります。グラフの始まりが1997年からなのですが。その頃は9.4%です。ですから当時の図書館にはOPACなんて基本はないわけです。でも機械検索はできました。カード目録もありました。私はこの頃、メールをやっていました。電話回線でつないで…ホームページなんて表示までに時間がかかって仕方なかったです。その頃の自分は今みたいにネットがここまで普及するなんて思っていませんでした。便利だなとは思いましたが、ある種マニアの世界というか、業務で必要な人が使うツールだとしか思っていなかったんです。

〔青木〕千先生はいかがですか？

〔千〕関東学院大学の千です。私は、1999年というと23歳でした。社会人2年目で、広告代理店でチラシ作成などの業務に携わっていました。残業も多く、自宅に帰れない日が続いたこともあります。3年ほど働いた後、しばらく実家に戻って家業などを手伝っていました。図書館は元々利用していたのですが、当時司書の知人がおり、その人に影響されたこともあって、2004年に板橋区の図書館で業務委託で働き始めました。やっぱりもう少し勉強したいなと思い、当時亜細亜大学で開講していた司書講習を夏休みに受講した後、地元の茨城にある筑波大学の院へ行きました。本当は司書になりたいなと思ったのですが、研究者として今があります。当時の自分はまさかこんな風になるなんて思っていませんでした。

〔青木〕当時のご自身に教えて差し上げたいですね。新藤先生はいかがでしょうか？

〔新藤〕國學院大學の新藤です。僕は当時、大学３年生でした。司書課程も取っていませんでしたし、図書館の“図”の字も考えていませんでした。経済学部だったのですが、ほんとうは史学科へ行きたかったので、あまりやる気もなかったんです。そのうち、好きな日本史学専攻の教授のところへ行っていろいろ話をしていましたら「古文書を読もうではないか」ということなりました。“くずし字”を読むことになったんですが、少し経つと読めるようになってくるんです。それがすごく面白くて…大学図書館の書庫に昔の古い本がたくさんあるのを見て、大学図書館は公共図書館とは違うのがわかり、学生なのに書庫に入れたり貴重な本を見ることができたり、そこから図書館のヘビーユーザーになりました。古文書を読むためには各種の事典や専門書を読み解くことが大事なんですが、３年生になったときはかなり読めるようになってきて、先生に対しても生意気なことを言ったりすることもありました。当時は埼玉県立熊谷図書舘と、自分の大学図書館をよく使っていましたね。

４年生になったとき、世の中は就職氷河期でした。就職もうまく行かず、先生に相談したら「歴史が好きなら歴史が学べる大学院へ行きなさい」と言われ、院へ進学しました。ただ、自分の興味ある分野については研究がうまくいかなさそうでここの大学院は水が合いませんでした。たまたま大学院の非常勤講師として出講されていた日本図書館史の小川徹先生と会い、修士２年のときに小川先生と大学時代の日本史学の先生にも相談して筑波大学へ行きました。ここから本格的に図書館と日本書誌学を学ぶことになったのです。

〔青木〕そうすると、節目節目で良い先生方に会えてきたんですね。

〔新藤〕本当にそう思います。昔の先生って毒舌でも面倒見が良い方が多かった気がします。今はビジネスライクな関係が多いですかね。

〔青木〕長谷川先生、おまたせしました。よろしくお願いします。

〔長谷川〕私は当時は高校３年生です。ルーズソックスが流行っていました（笑）。図書館自体は中学生から使っていました。印象的なことはリクエスト制度ですね、読みたい本がなかったときにリクエストしたら買ってくれるというのが驚きでした。また、当時視聴覚室というところでレーザーディスク（LD）を見たりしていました。当時はCDがたくさん売れていた時代でした。

〔青木〕その後の進学など考えたとき、“図書館情報学”というような志はあったんですか？

〔長谷川〕私は史学科に入ったのですが、司書と学芸員の資格も取りたいなと思っていました。まだ資格課程を取れる学年じゃなかったのですが…

〔青木〕そうするとまだ、図書館とは全然イメージないですね。

〔長谷川〕ないですね。司書課程を受講し始めたときに、情報社会学はすごいなと思いました。自分自身は古墳時代とか古い事も好きだったので最新の情報学というのだけが好きだったわけでもないと思います。原田智子先生や今まど子先生の授業を受けてカッコいいなぁと思って「この分野っていいかも」と思いましたね。

就職は情報関係に進んだのですが、図書館情報学を学びたくて会社を辞めて大学院へ行きました。その頃にはだいぶデータベースなどが発達してきていました。

〔青木〕 皆さんありがとうございました。お話を聞くと、皆さん一直線にこの業界へ来たわけでもないんですね。

〔千〕 そうですね、まわり道をしてこの世界にたどり着く方々も多いと思いますね。

◆人材育成の難しさ

〔青木〕 今回の「2050～」なんですが、1つには「司書を志望する方」「実際に働いている方」にこれまでの司書課程の学問が生かされているのだろうか？ということがあります。現場でレファレンスする場面はあるのか？図書館はきれいになっていますよね。書棚などの見栄えは良くなってるところが多いです。ただ、働いている人たちのスキルは向上しているのでしょうか？将来、司書がやるような作業はAIに取って代わられるのでは？この問いかけに対し、図書館員と接する機会が多い方、図書館情報学を教えている人たちはどういうアドバイスができるか、答えが出せるのか？についてご意見ください。

〔野口〕 さっきのネット時代の話ですが、私は今のような社会を25年前は想像していませんでした。ですから今普及してないと思うものも、25年後には当たり前になっている可能性が大いにありますよね。まさに生成AIとか。そういう意味でいうと、生成AIを図書館にどう取り込み、どう生かしていくのかというのはテーマになるような気がします。

〔青木〕長谷川先生は、生成AIが図書館にどういう影響を与えると思われますか？

〔長谷川〕単純業務は生成AIに取って代わられるんじゃないかなと思いますね。同じ事の繰り返しは、AIはもともと得意ですし、過去にあった事例やデータをもとに問題に回答するとか…そういうのは生成AIは得意だと思います。ただ、最終的な見極めとか、全体を見回してコーディネートしたりとかいう難しい判断をするのは図書館員に委ねられるのではないかなと思うんです。インターネットが普及したときもそうでした。「ネットがあれば司書はいらない」となるのかなと思ったらより高度で専門的な仕事が残って担うことになりました。ですので図書館員の仕事が難しくなっていく可能性はあるのかなと考えています。加えて、現在は図書館を“場”として利用する、ものづくりの場として活用するような動きもあります。社会全体、文化を見渡して、コーディネーター的な役割をする図書館員というのが必要になってくるのではと思います。全て取って代わられるということは…ないのかなと。

〔野口〕人間の脳のように感情を読み取るなど、その場その場の描写を理解するのは難しいのではないでしょうか。フェイク情報を見極めるのは、AIでは難しいと思いますね。そういったことは信頼できる情報源を集める場があるからこそ見抜けるのではないかと思います。

長谷川先生のご意見は納得なのですが、そのような人材をどう育成していけるのか。図書館情報学がそこまで対応しきれるのか。人材育成に携わる身として先行があまり見えない感じがあります。

〔青木〕たとえば、司書を雇う、使うという細川さんの立場からして、コーディネート力とかそういう力のある人を採用しようとする場合、どういう人材を求めていこうかなというのはありますか？

〔細川〕自治体側は、指定管理者制度なり業務委託なりで人材を求める場合、仕様書に“司書率”というのを指定してくるんですね。まあ、指定してこないところもありますが。要するに図書館のスタッフ数に対する有資格者の割合です。職員の“司書率”によって、受託側の運営レベルを担保するということになっているんです。ただ、司書資格を持っている人だけしか募集できないとなると、人が集められません。そして、有資格者が全て採用に適しているのかいうと必ずしもそうではない。免許は持っているけど、運転したことのないペーパードライバーと同じといえばわかりやすいでしょうか。

コーディネート力という意味で申し上げれば、司書資格だけではなくて、たとえば広報だとかデザインだとかそういった仕事の従事経験があったり、図書館業界外の専門資格を持っている人が図書館のニーズとマッチすることもあります。

〔野口〕先日ある県立図書館にお邪魔したところ、利用者が調べものをしていたときにChatGPTを使ったら3冊くらいの図書を示してくれたんだそうです。それを図書館で検索したらすべて所蔵されておらず、図書館員に聞いたところ、その本はすべて架空の図書で、存在しない図書だったと。図書館員が言うには「利用者のリテラシーも重要ですよね」と。ちゃんと図書館に来て所蔵されてないけど、と言ってくれたのはすごく良いことで、図書館員を使って調べようとしたのは正解だったと。利用者側も「わからないことについて図書館をアテにしよう」と思ってくれることが大事なのではないかと。

〔**青木**〕今までの話を受けて、新藤先生いかがですか？

〔**新藤**〕今の一般の方の図書館のイメージって、『市民の図書館』（1970年、日本図書館協会が発行）で提唱された“三原則”があるんですけど、その影響が非常に強いと思います（編集部注：三原則とは〈1. 市民の求める図書の自由で気軽な個人貸出〉〈2. 児童の読書欲求に応える徹底したサービス〉〈3. 図書館を市民の身近に置く全域的なサービス〉）。これらをきちんと行えば、利用者は貸出から図書館に入ってきてくれて、だんだんとレファレンスの方に関心が行くであろうということだったんです。でも結局50年経っても公共図書館におけるレファレンスって根付かなかったです。もっと図書館活用の教育を学校などでやっておくべきでした。

〔**野口**〕結局、社会がこれだけ変わってきているなかで、何を維持し続け、何を変えることが「市民」にとってプラスなのかという観点での議論も必要なんじゃないでしょうか。

◆韓国の図書館事情

〔**青木**〕ちょっと視点を変えて、海外の図書館について話していただけますか、千先生。

〔**千**〕先ほど、細川さんや長谷川先生が「コーディネーター役」ということについて言及されていましたが、韓国だと司書課程もきちんとした文献情報学科、つまり図書館情報学科があって、卒業に必要な130単位のすべての科目が司書課程の科目なので専門性が高いんです。私が行ったのは主に釜山（韓国第二の都市）で、訪問した大学でお会いした文献情報学科の先生は6人です。うち、システム系の先生が2人いて理系の方にも力を入れていました。あとはレファレンス専門の先生方もいらっしゃいました。

韓国は競争社会なので、文献情報学の1つの学位だけでは足りないといって、ダブル・ディグリー（複数学位制度）、つまり卒業時に2つの学部の学位を取得するという事が多いんだそうです。経営学＋図書館情報学とか、情報工学＋図書館情報学など両方持っていて、司書＋αの、サブジェクト・ライブラリアンのようなそういうシステムになっています。あとは図書館界で出世するには大学院に行くのは当たり前という考えがあります。司書や図書館に関わる人々はすごく勉強していて、質が高いなと感じました。

それから、図書館の在り方なんですが…日本だと大きな図書館、たとえば大型複合施設なんかに併設されたりしますが、韓国だと「小さな図書館」というのが法律でも定められていて、学校図書館より一まわり二まわり大きいくらいのものが、釜山市内に500箇所くらいあるんです。釜山は横浜と同じくらいの人口です。また、デジタル化も進んでいて、もともと子どもの遊び場でもあった小さな図書館を改装し、デジタルとアナログを融合させた文化空間を作る計画、例えばプログラミングができるとか英語が学べるアプリがあったりとか。ARストーリーテリングでは、おはなしがディスプレイで表示されて自分も一緒に参加できて、画面の中で自分も一緒に遊んだりできるんですね。このようなデジアナ融合の図書館もあって、もちろん従来の紙の本も大事にしていてたくさんの蔵書もあります。旧い時代のものも守りつつ新しい図書館になっているんですね。専門性も高いし、逆の発想で小さい図書館をたくさん作るのは日本と全然違うなと。少子化は韓国でも問題になっているので、さまざまな対策が策定されていますが、釜山の市長が選挙公約でかかげて、当選したんですよ。日本でこのような政策をかかげることはなかなかないですよね。ごくたまに図書館が市長選の争論になることもあるんですけど…日本の23区みたいな、それぞれの区長も選挙で選ばれているんですが、文献情報学を大学で学んだ区長もいるんです。その人が図書館バンバン作るぞみたいな…日本ってそういう政治家っていないと思うんですよ。元スポーツ選手とかの政治家はいっぱいいるんですけど。図書館系議員なんていないですよね。

〔野口〕お隣の国の話を伺い、いろいろ聞きたいことがいっぱいという感じになりました。熱心に勉強して学位も２つ持ったりというのはすごいです。そもそも、日本だと正規雇用の場合だったとしても、有資格者ではない市の職員さんが図書館で働いていたりするじゃないですか。韓国はその辺、どうなんでしょうか？

〔千〕韓国は法律で規定されていて、「小さな図書館」ですら司書は１人以上必ず配置しないといけないんです。図書館の大きさとか蔵書冊数によって、司書の数を決める計算式もあるんです。館長さんも司書資格持ってないとダメなんですよ。ただ、実際の統計を見ると、正職員で司書資格を持っている人は50％台です。そこは日本の場合とそう変わらないんです。でも、韓国は非正規職員の割合は日本に比べて少ないです。1万9千人くらい公共図書館の職員がいて1.1万人くらいが正職員、8千人が非正規なんですけど、非正規で司書資格を持っている人は一割くらいなんです。逆に、非正規の人は非専門業務に従事という感じですね。日本と違ってわりと明確に区分けがされています。日本は専門的知識（＝司書）があるのに非正規というのが多いですよね。

〔新藤〕韓国の司書制度って、たしか等級がありましたよね？

〔千〕「一級」「二級」「准司書」とあります。一級は博士号を持っていないとなれないです。二級は文献情報学科を卒業または大学院の修士号を持っている、准司書というのは短大卒です。短大と言っても文献情報学専門の短大は全国で７校しかありません。

〔新藤〕高卒はだめなんですか？

〔千〕日本の司書補みたいなのはないんですよ。

〔野口〕同じアジアの中で、どちらかというとアメリカモデルに近い感じを受けますけど…

〔千〕そうです、そこを参考にして考えられたみたいです。ただ、戦前はずっと日本の影響を受けていました。戦前の韓国の公共図書館は日本人が作った日本人のための図書館でした。職員も日本人でしたし韓国人の職員はごくわずかしかいなかったようです。戦後も韓国では朝鮮戦争があって、そこで多くの人が亡くなりました。だからほんとに、韓国の図書館はなんにもないところから始まったという感じなんです。私個人の感想ですが、何も歴史的なことが残っていないからこそ、これからしっかり遺していこうということなんじゃないかなと思います。アメリカの図書館学をきちんと参考にして、しっかりやっていますよね。あとはもともと、文化的に本を大事にする、学問が大事というようなこともあるので、司書のステータスがすごく高いんですよ。

〔新藤〕儒教の国ですもんね。

〔千〕そうなんですよ。隣の国なのにこうも違うものなのかと思います。

〔青木〕IT 技術なんかでも日本は後れを取っていると言われてい

ますよね。

〔野口〕これまで日本では、司書の位置づけの違いというのはよくアメリカが引合いに出されていましたけど、実は韓国のモデルというのは大いに参考にしていいのかもしれませんよね。学校教育でも、児童・生徒に一人一台ずつタブレット端末を支給するというような動きは、韓国の方が先駆的だったわけですし。だから図書館も韓国をモデルにという意見が出て来るかも知れないですね。

〔細川〕図書館での本の買い方については、日書連（日本書店商業組合連合会）が韓国を参考にすべきと仰っていますね。国が法律を作って地元書店優先で本を買うようにというような。国の経済統制志向が強い国はそれなりに受け入れられるんでしょうが、日本ではどうなんでしょうかね。自由競争が阻害されますし。

〔野口〕日本は特定の分野だけ「あそこを見習おう」「ここを取り入れよう」みたいなことはしますが、大局的に見ないんですよね。構造的には変わらないのにパーツだけ代えるみたいな。余計にいびつさを増すというか。そういうの見直していこうとはならないのでしょうか。

〔青木〕先生達に、国なりどこかしらから何らかの働きかけみたいなことってあったりするんですか？こういう人を養成して欲しいみたいな。

〔千〕先ほどの話に中にあった広報やコーディネーター的な話についての科目など、たとえば社会教育的な科目と連携する事などを検討していくことがこれからの時代に必要なのでは？と思います。

〔青木〕だとしたら、2050 年にはもう、古めかしい概念はとっぱらわれてなければいけない？

〔新藤〕あんまりそんな気もしないですねぇ（笑）。

〔野口〕しないですねぇ。やっぱり、図書館界から誰か政治家になれば違うんじゃないですか？そういう人が文部科学大臣とかになってくれたら…（笑）

〔新藤〕聞いた話ですが、アメリカでは全米図書館大会の時など、いわゆるロビー活動が活発らしいです。州知事なんかも招待して…ALAは組織的に議員に“図書館族”を作るんです。図書館界のことを言ってくれる議員と仲良くして議会に図書館の声を届けるようにしてもらうという。

〔千〕社交が大事なんですね。よく聞きますよね。

◆図書館の新モデル・養成課程

〔青木〕そうなってくると、新しいモデルを作っていくと言うことが大事ですよね。先ほど話題となった“三原則”ですが、2050年モデルの三原則が必要なんじゃないでしょうか？

〔新藤〕おっしゃる通りです。1970年当時の「三原則」は新しかったのですが、時代も50年を越えて、だいぶ変わりました。そろそろ我々研究者も時代に即した三原則的なビジョンを考えないといけないと思いますね。

〔野口〕読書バリアフリー対応も縦割りなんです。視覚障害者等向けだったり、多文化サービスだったりなど。最近関心が高まっているのは認知症バリアフリーです。全体的に見る、トータルな視点が必要だと思います。特定の誰かにとって使いやすいではなく、誰もが使いやすいという図書館環境をどう実現していくか。その時にはやはり、それを担える専門職が必要だと思いますね。片手間にできることではないので。そういう人材をどんどん登用していかないと変わってはいかないですよね。大学の授業としてもそういう科目を取り入れていかないといけないと思います。

〔細川〕ちょっと話がずれてしまうかもしれないのですが、Amazon 創業者のジェフ・ベソスは「将来はどう変わるのか、10 年後はどうなっているのか」という質問をよく受けるのだそうです。この座談会テーマのように、何が変わるというより何が変わらないのか、変わらないものを徹底的に追究すれば答えが見えてくると話したそうです。変わらないことってなんだろうと考えるのが、見つける早道なのかなと。

〔千〕これは、昔の司書課程の教科書なんですけれど。「情報サービス概説」（編集部注：『改訂 情報サービス概説』新・図書館シリーズ４　渋谷嘉彦編集ほか　2004.3　樹村房）です。アメリカで 2002 年に発表された、情報サービスについて変わらない点を３つあげています。

１）図書館はコミュニティに対するサービスによって評価されるだろう。図書館は常により大きなコミュニティの一部であることを想起しなければならない

２）レファレンスライブラリアンはグリーンが略述した４つの機能を果たすであろう。すなわち、利用教育／研究の援助／資料の推薦／コミュニティにおいて図書館の振興を図ることである

３）人的サービスが重視されるであろう（略）図書館員は利用者に対し、個人に向けられたサービスを提供し続けなければならない。人的サービスこそ、図書館を他の情報提供者から区別する所以である。

ちなみに変わっていく点は６つあって、改善されたツールの

開発／利用教育の需要の高まり／事実情報に対する需要の減少／コミュニティの多様化／図書館員の多様化／情報の管理者から生成者へ、と書かれています。

20年前に書かれたことですが、今でも「そうだよね」とうなずける内容です。

〔野口〕私も聞いていて納得できる部分はあります。ただ、日本の図書館の法的な位置づけを考えたときに、図書館法はあるけれど、その上位法は社会教育法じゃないですか。だけど「社会教育の要」「生涯学習、コミュニティの核」など図書館の人たちは言うけれど、社会教育全般からはそうは思われていないのではないか？多くの市民は本当にそう思っているのか？単純に読書が好きな人たちが行く場所と思われているんじゃないか？

なぜそうなるかというと、外国と違って日本は「公民館」という施設があるんです。社会教育学って、ある種公民館学的な側面があるんですが、図書館学・博物館学は別の領域として分離しているところがあると思うのです。それを踏まえると、司書養成は社会教育主事の養成課程などともっとリンクさせてもいいのかなと思いますね。たとえば教員免許の中に教科の種類があるように、社会教育専門職みたいな新しい上位の資格・免許制度などを構築して、公民館専門、図書館専門、博物館専門みたいにしていく。ベースはみんな、地域のことや生涯学習のことであるのは間違いないわけです。法制度だけでなく、大学なりの学科レベルでも抜本的に改革していかないと、と思います。

〔新藤〕現実的に考えると、それはこのご時世で公務員増やすってことになりますよね。

〔野口〕わかります。それでも、社会教育関係との相互乗り入れを意識した養成モデルは検討する価値があるように思います。あとは、絵本専門士などの民間資格との融合も考えられないでしょうか。

〔青木〕 2050年の図書館を良きものにするために、今議論してきたような図書館員がいるのが望ましいけれど、妨げているのは教育かも知れない？

〔細川〕 今時の図書館では、多様化した要求に対してハンドリング出来ないんですよ、司書資格だけでは…運営をお請けする際に要求水準の司書資格取得率の壁が高いと、どんなに優秀な人がいても司書率を満たすことが出来ないから雇えない、ということも起こります。

〔千〕 矛盾を感じますよね。

〔野口〕 それから2050年を考えたとき“書店”は地域の中で生き残っていけるのでしょうか。特に地方の小規模自治体では相当厳しいだろうと思います。そういうとき、図書館で本が売れるか？という議論も出て来るのかなと。オンライン書店じゃなくて、リアルな書店を残したいのであれば、やっぱり図書館との連携を探らないとダメなんじゃないかと。公営書店という形で、北海道の礼文町では町の図書室と一体的に運営しています。TRCさんはどうお考えですか？

〔細川〕 ええ、乗り入れを検討するのか？ということで、日外と同じ時間にうちの社長がフォーラム（編集部注：2024年図書館総合展でのフォーラム）やります（笑）。地域の書店がなくなっていくことに対しては憂慮すべき事であり、応援したいと思っています。ですが「TRCが」ということに関してはこれまで積極的にやってきていないんですね、それは創業以来ずっとです。カフェチェーンなんかと一緒で、その土地でどのくらいの収益があるか、どれだけの家賃を払って成立するのかということを考えると、なかなか難しいのかなあと。そこは慎重に見極める必要があります。

〔新藤・千〕ですよね〜。

◆まとめ

〔青木〕となりますと、「2050年の図書館」まとめとしてはどうなりますでしょう。

〔野口〕地域のコミュニティというか、生涯学習全体としてどう図書館のあり方を再構築していくか。公民館機能を図書館と融合するような視点がさらにひろがっていくように思います。公共施設を新しく建てるというのは財政的にも大変になってきているという意味合いもありますが…。

〔細川〕そうですね、いま単館で図書館建てようなんてところはないです。みんな複合施設です。そして今は賃金が高くなり続けているので、人ひとりに多能化・複脳化を求めていくでしょう。同時に機械やAIなどを導入し、人には人にしか出来ないことしかお願いしない。

〔野口〕つまり高度専門職ですよね。

〔長谷川〕私もそう思います。これからの図書館は「総合コーディネート」という役割が期待されていると思います。外国は1990年代くらいから図書館をコミュニティの場として活用する考えが結構出ていたと思います。

〔野口〕そうですね、先ほど細川さんも仰ったように、デザインや広報などの分野でも力のある人材を登用していけるような環境になって欲しいです。そのための人材育成、養成については、アメリカモデルについてよく言及されていましたが、実は千先生が報告してくださったような韓国のケースから学ぶことも多いのではないかと感じますね。

いろいろな学問領域、たとえば社会教育学と図書館情報学との融合も含めて、人材育成自体のあり方についても考えていく必要はあると思います。

〔**新藤**〕枠組み自体は歴史的に見ると何度も変わってきているわけです。

〔**千**〕でも本質が変わっているわけじゃないんですよね。そこは変わらないけれど…

〔**新藤**〕過去のものを遺すということと、それを不特定多数に利用者に向けて使うという図書館の本質は変わっていないです。図書館は残ると思いますが、枠組みそのものにこだわり続けてはいけないと思いますね。紙の本も残ると思いますし。

〔**野口**〕私もそう思います。紙の本はなくならないですよ。

〔**細川**〕「優秀な媒体」ということですよね。

〔**野口**〕電子図書館はこれからも伸び続けると思います。市場も大きくなっていくでしょう。ただ、電子書籍は紙の置換えではなく、情報源が多様化してきたと捉えています。

〔**新藤**〕紙の本が持つ情報というのもありますから。装丁や文字の種類も含めて「情報」ですから。

〔**細川**〕あとは、様式美とかね。

〔**新藤**〕そう、「本を読む女性」とか。いや、男性でも良いのですが(笑)。そういう様式美っていうのも、大切な伝統文化ですよ。

〔**野口**〕先を見すえたビジョンを持つためには歴史について学ぶ必要があります。そして、これまでの「市民の図書館」を現代版にアップデートしたようなものがこれからの時代には必要になってくるのかもしれません。こういった意識を司書も、司書を育成・養成していく側ももちながら、「成長する有機体」である図書館の新しい姿を摸索し続けていかねばならないと思います。

2024（令和6）年10月17日　日外アソシエーツ社会議室にて

第２章

未来の図書館を考えるために、過去の図書館に学ぶ

新藤　透（國學院大學）

2.1　図書館の歴史を学ぶ理由

西暦2050年というと、本書が出版された時点の2025年からみるとちょうど25年後である。25年後の図書館はどのように様変わりをしているのか、ちょっと想像がつかないという読者の方も多いだろう。今から25年前、西暦2000年の時点から考えると、AIの導入や電子書籍の普及など想像もつかなかったと答える読者の方も多いと思う。未来がイメージできないというのも致し方ないことかもしれない。それほど21世紀に入ってからIT技術が進歩し、今まで「常識」だと思われていた社会通念も覆されている。いろいろな意味で現代が転換点にさしかかっていることは間違いないだろう。

ではその転換点は人類始まって以来のことであるかといえば、そうではない。有史以来何度も人類は転換点を迎えて来た。そのたびに柔軟に対応し変化を遂げてきたのである。今回もその何回目にしか過ぎない。なぜそのようなことが分かるのかといえば、歴史を学んでいるからである。未来が不透明であるのはいつの時代も同じであり、それゆえ人びとは過去を学ぶことにより準備をすることができ、物事に対処してきた。未来を知るにはまず自分がこの世に産まれてくる、はるか前からの過去のことを知る必要がある。このような考えは筆者が初めて唱えていることではもちろんなく、過去の偉人達も指摘している。

古代中国の思想家孔子は、『論語』で「温故知新」すなわち「故【ふる】きを温【たず】ねて新しきを知る」と述べている。その意は「過去の事実を研究し、そこから新しい知識や見解をひらくこと」（「コトバンク　デジタル大辞泉」）である。西洋にも同じような格言があり、ドイツ帝国初代首相のオットー・フォン・ビスマルクは、「愚者は経験に学び、賢者は歴史に学ぶ」との言葉を残している。「愚者は自分が経験したことの狭い範囲でしか学ぶことはできないが、賢者は広く歴史から学ぶことができる」という意であり、過去の事例を広く知ることによって、今後起こることの予測を立てて対処することができるという意である。このように過去の歴史を学ぶということは、未来が不透明な時代にこそ必要な教養である。

2050年の図書館を見通すためには、図書館がたどってきた歴史を知る必要がある。本章では過去の図書館は「変化の時代」にどのように対応してきたのかをザッとではあるがみていきたい。

2.2　図書館が所蔵してきたメディア（記録媒体）の変遷

一般的に図書館といえば、文章中心の紙の書物を大量に所蔵している施設というイメージが強いが、実は図書館は紙が発明される前から存在している。そもそも本＝紙というわけではない。紙が発明される前から本は存在し、それを所蔵する図書館もあったのである。

では図書館はいつごろ誕生したのだろうか。世界最古の図書館はどこなのか、実ははっきりしていない。一説には、チグリス川とユーフラテス川の間の沖積平野に起こったメソポタミア文明や、ナイル河畔に起こったエジプト文明にその原形がみられるといわれている。

メソポタミア文明では楔形文字が考案され粘土板（タブレット）に記録された。紀元前3000年頃のメソポタミア南部に定住していたシュメール人のウル遺跡から大量の粘土板が出土している。

シュメール人はいくつもの都市国家を築いており、ウルもそのひとつであった。ウル（を含むシュメール人）の支配階級は高級僧侶と王であった。彼らは神権政治を行っており、神殿には収穫された穀物量や財産を記録した粘土板を残していた。粘土板は地下の図書館に木やレンガの箱に収蔵されていたが、やがて量が多くなると書庫からあふれ出てしまうこともあった。

ウルのほかには同じくシュメール人の都市国家であるエブラ（現在のシリア）の事例が著名である。エブラは巨大都市で人口25万人を擁しており、アナトリア半島（現在のトルコ）からエジプト、ペルシアまで広く交易を行っていた。エブラ遺跡からは15,000枚の粘土板が出土しており、ここは宮殿附属の図書館だったようで、木製の柱で支えられた棚に並べられていた。粘土板の内容は割と多彩であり、叙事詩、神話、歌謡、占星術、ことわざ、植物学及び動物学、数学の書物まであった。

シュメール人の都市国家は各地に乱立していたが、都市国家のひとつウルクが後に勢力を拡大する。ウルクによってシュメールは統一されるかと思われたが、セム系民族のアッカド帝国王サルゴンI世（在位：紀元前2334年～2279年）によって、ウルク王ルガルザゲシが打倒され、古代メソポタミアの地は初めてアッカド帝国によって統一される。サルゴンI世も図書館に関心を寄せており、粘土板には分類番号と書架上の位置が示され、文献目録には利用案内まで書かれていた。アッカド帝国が滅亡した後、メソポタミアの地はバビロニア人の支配を受ける。「ハムラビ法典」を編纂した有名なハムラビ王はバビロニア王国の王である。

バビロニアの次はアッシリアの支配をメソポタミアは受ける。アッシリア帝国の最盛期の王アッシュールバニパル（在位：紀元前668年～627年?）は図書館に非常な熱意を示していた。ティグリス川中流ニネヴェのクユンジクの丘の遺跡からは楔形文字の粘土板断片3万点が出土している。最近の研究では図書館には1万点の粘土板の所蔵があったと推定されており、アッシュールバニパル王は自ら読み書きができ、バビロニア各地の神殿図書館に所蔵されていた大量の粘土板と木製・象牙製書板を蒐集し、統一した書式で写本を作成させていたことが明らかになっている。蔵書は『ギルガメシュ叙事詩』などに代表される文学作品、呪文や祈祷、占星術などの宗教関係、農業・建築・政治などに関する行政文書などであった。粘土板には楔形文字によって標題とページ、さらに所有者や製作者の名前まで刻まれ、きちんと分類までなされていた。またこの図書館は同一の書物の写本を多数集めて比較検討し、原本に一番近い本を確定させる校合（きょうごう）作業まで行っていたことが判明している。今日の書誌学と非常に近い研究が行われており、研究図書館としての性格も有していた。また司書も存在していたといわれている。この図書館は王の臣下の教育のためにも活用されており、ある程度公開されていたことが窺われる。

粘土板はメソポタミア文明で誕生した代表的なメディア（記録媒体）であり、紀元前3000年ごろから西暦1000年あたりまで4000年の長きにわたって使用された。粘土板に刻まれたものは圧倒的に文字が多いが、地図や図形などが刻まれたものも出土している。記録された内容は学術書や行政文書から、領収証やメモ書きまで多岐に渡っており、メディアとして幅広く長期間に渡って使用されたことがみてとれる。

粘土板はメソポタミア文明の産物であるが、元は土であるので厚さがあり持ち運びの際にはかさばってしまい、さらに落とすと割れてしまうという弱点があった。

粘土板の次に広く普及したのが古代エジプト文明で誕生したパピルスである。パピルスはエチオピアが原産の、川や沼の縁や湿地に自生する高さ２～３メートルに達する非常に背の高い水草である。日本名はカミガヤツリという。紀元前3000年ごろにナイル川のデルタ地帯に大量に自生していたカミガヤツリの茎の繊維を加工

写真１　パピルスに記された『死者の書』出典：Wikipedia

して、紙状にしたものがメディアとしてのパピルスである。英語の「paper」やフランス語の「papier」など、「紙」を意味する言葉の語源はこのパピルスからきている。パピルスは紙のように非常に薄かったが手触りは木の皮であり、柔軟性はなかった。それゆえ冊子体にすることができず、パピルスは通常20枚程度つなげて、芯となる木に巻いた巻子（巻物）の状態で保存されていた。パピルスは粘土板と比べると非常に軽く、持ち運びにも適していたので瞬く間に広がった。古代ギリシアにも輸出され、プラトンやアリストテレスの著作も現存はしていないが最初はパピルスに記されていたと考えられている。エジプトでは葦のペンを用い、灯火から出る油煙を集めて製造したインクにつけて筆記していた。古代ギリシアや古代ローマでは葦とともに青銅製のペンも使用していたという。

パピルスが最も使用されたのはやはり古代エジプトであり、この地もメソポタミアと同じく古くから図書館が存在していたといわれている。神殿図書館と王宮図書館があり、前者には宗教祭事や行事の記録、神話や伝記などの宗教記録が保存され、後者には政治・裁判・軍事などの公文書や数学、医学などの学術書が収蔵されていた。

最もパピルスを所蔵していたのは古代最大の図書館といわれるアレクサンドリア図書館である。この図書館はアレクサンダー大王の部下でエジプトの地を相続し、プトレマイオス朝を開いたプトレマイオスⅠ世ソテルが構想した。図書館を実際に建設したのは息子のプトレマイオスⅡ世フィラデルフォスである。さらに歴代のファラオ（王）たちも図書館の充実に力を注いだ。ギリシアなどの先進地域から学者を招聘し、ユークリッド、エラトステネス、ヒポクラテス、アルキメデスなどの哲学者が招かれた。学者たちは図書館の蔵書を活用して新しい学術成果や文学作品を生み出していった。アレクサンドリアは一大学術都市へと成長したのである。

図書館は２つ存在しており、メインの図書館は学者や文学者など適切だと判断された者のみ利用することができ、２つめの「妹の図書館」と呼ばれたものは一般公開されていた。両館とも蔵書の多くはパピルスであり、メインで49万巻、「妹の図書館」で４万巻ほどであった。

図書館は現代人の我々が思っているよりも多くの人物に利用されており、利便性を高めるために第２代図書館長カリマコスは『ピナケス』（120巻）という蔵書目録を作成する。その分類はまず書物を詩文と散文に大別し、詩文は叙事詩人、抒情詩人に分け、散文は法律、哲学、修辞学、史学、医学、雑篇などに分類しさらに細分化した。それぞれの書物を著者順に配列している。ちなみにこの時代の書物にはタイトルというものは存在しておらず、著者には出生地、

写真２　アレクサンドリア図書館の想像図　出典：Wikipedia

ニックネーム、父の名前を記し、同名の者との区別を図った。また内容の概略も記述されていたという。蔵書にはタブが付されており、著者と内容が記されていた。そして著者名順に巻子を巻いた状態で3段にして積み上げていた。出納作業は奴隷が担っていた。

パピルスは湿気に弱いという欠点があり、長い保存には向かないメディアであった。それゆえエジプトもギリシアもほぼ当時のものは残っていない。パピルスの生産はエジプトがほぼ独占しており、関係が崩れるとなかなか入手することが難しかったようだ。現在のトルコのベルガマにあったアッタロス朝ペルガモン（紀元前282年～紀元前133年）の図書館は、国王エウメネスII世とアッタロスII世の治世に建設された。古代最大とされるアレクサンドリア図書館をライバル視しており、最盛期には蔵書20万巻を有していた。アレクサンドリア図書館長アリストファネスを館長として迎えようと画策したが、それが露見してしまい、アリストファネスは投獄され、パピルスの輸出も止められてしまう。困ったアッタロス朝ペルガモンは、パピルスの代替メディアとして羊皮紙を開発した、とされる。

この羊皮紙誕生の逸話はプリニウスが著した『博物誌』が出典となっているが、実は今日の歴史学では妥当ではないという説が有力である。そもそも羊皮紙はアッタロス朝ペルガモンの時代に発明されたのではないという説が強い。では何が原因なのだろうか。はっきりとはしないが、①エジプト国内のパピルス不足により輸出が出来なくなったという説、②エジプトとセレウコス朝（紀元前332年〜紀元前63年）との戦争が激化したのでパピルスが輸入されなくなったという説、③乾燥していない地域でカビが生えやすいパピルスが適さなかったという説が有力である。

羊皮紙がいつパピルスに取って代わったのかは明らかではない。ただ製本が巻子からコデックス（冊子体）へと大きく変化したのは、当時の新興宗教であったキリスト教の影響が強いと考えられている。キリスト教はユダヤ教から分かれたが、ユダヤ教の聖典である『旧約聖書』が巻子であったのに対し、キリスト教独自の経典である『新約聖書』がコデックスを用いて差別化を図った。2世紀初頭のキリスト教徒たちは、パピルスをコデックスに製本した『新約聖書』を読んでいたようである。しかしパピルスはコデックスに向かなかったため、徐々に羊皮紙に取って代わっていった。

羊皮紙全盛の時代はなんといっても中世ヨーロッパである。現在のフランス、ドイツに成立したフランク王国第2の王朝、カロリング朝の時代には羊皮紙を製造する職業が確立していた。12世紀になると写本の製作需要が大きいパリやイングランドのオクスフォードといった大学がある町、また修道院があるフィレンツェ（現在のイタリア）などには早くから羊皮紙の工房が存在していた。

羊皮紙はヨーロッパ各地の工房で製造されたが、その製法は中世の写本に細かく記されている。基本的には表面に傷のない羊の皮を選んで毛を取り、ライム水に長時間浸して柔らかくし、木枠に張って三日月の形をした特殊な鉋でなめしていく。出来上がった羊皮紙はナイフで余計な箇所をカットし四角く切りそろえられ、ロール状に巻かれて保管されていた。完成した羊皮紙は写本を造る修道院が購入していた。

中世ヨーロッパの図書館の代表ともいえる修道院図書館には、写本が修道士たちによって日々製作されていた。そこで製造される写本はみな仔牛、山羊、羊の皮をなめして作ったコデックスであった。コデックスは必ずしも１タイトルを１冊に製本していたわけではなく、小冊であれば同じ著者や同様な主題の書物をまとめて合冊して製本していた。

グーテンベルクが活版印刷機を発明すると、印刷するには羊皮紙よりも紙の方が適していたので、羊皮紙の工房は瞬く間に数が減少していく。紙に文字を印刷してコデックスに製本した本が圧倒的に多くなっても、手書きで羊皮紙に記された本は貴人に献呈する豪華な装飾写本や大学の卒業証書、国王の勅許状などに用いられた。現在でも欧米の名門大学の卒業証書は羊皮紙を使用していると聞く。これなどは羊皮紙のほうが紙よりもハレの日にふさわしいと欧米の人びとがいまだに認識しているのであろう。メディアは単なる合理性だけではなく、それがもともと備えている神聖性が求められるケースもあるということである。

では羊皮紙に取って代わった紙はどこで誕生したのであろうか。それは古代中国である。発明者は蔡倫とされているが、その説明は実は正確ではない。中国には紀元前から多くの歴史書が著されており断片的な記述から考えると、蔡倫以前に「紙」が存在したことは

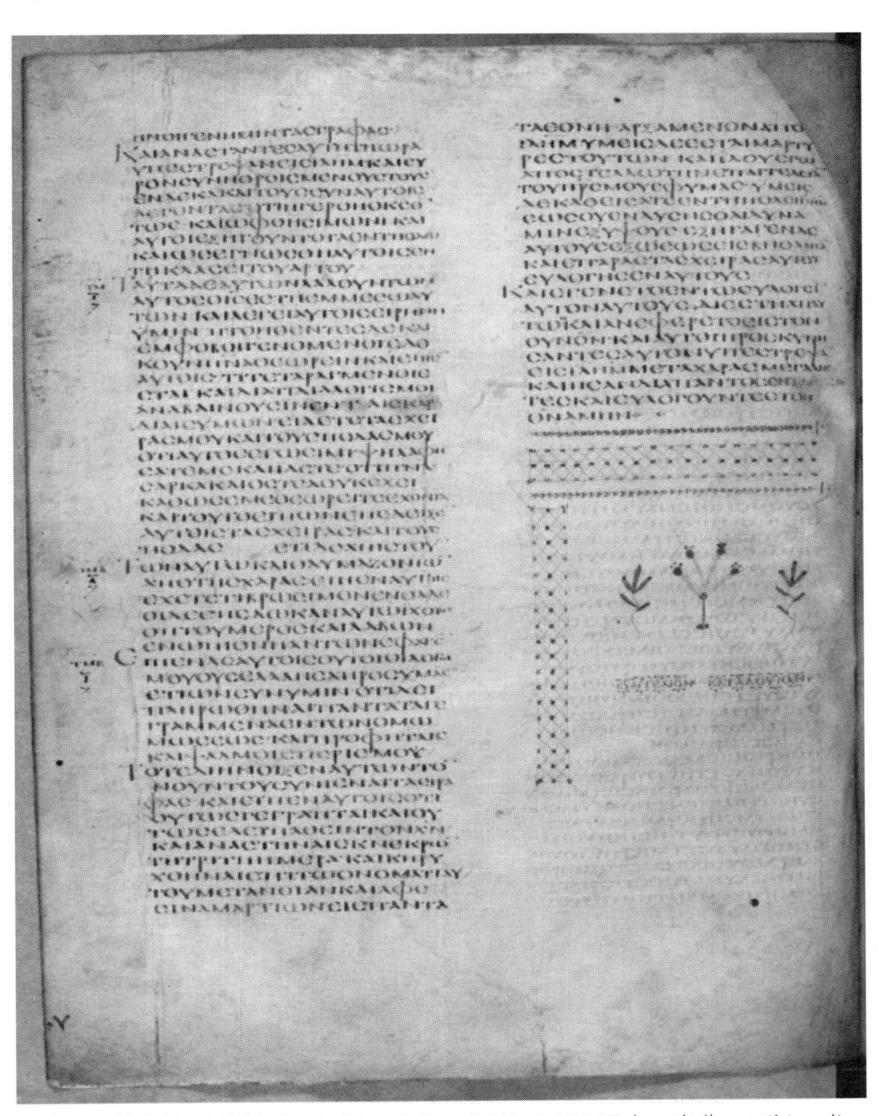

写真3　羊皮紙に記された『聖書』のアレクサンドリア写本　出典　Wikipedia

明らかである。しかしながら紙の起原に関しては諸説紛紛であり、いまだ定説と呼ばれるべきものはないようである。古くから提唱されている説はこうである。前漢王朝（紀元前206年～紀元8年）の時代、絹で作られた「絮紙（じょし）」が製作されていた。「紙」という字の部首は糸偏であり、原始的な紙が絹糸の繊維によって作られていたことを示している。絮紙は、張紹勛によると真綿を晒し洗う女性たちによって発明されたもので、廃物中から残った絹の繊維を拾い上げて作った副産物ではないかと指摘している。絮紙は生産量が少なく、書写材料として用いられることはなかった。世界最古の紙は1986年に中国で発見された放馬灘紙（ほうばたんし）で、紀元前179年から紀元前142年の前漢時代のものである。

絮紙の製紙法が応用されて麻紙が作られた。しかしながら初期の麻紙は粗雑であって、後述するがそれまで中国で使用されていた帛書（はくしょ）や木簡（もっかん）、竹簡（ちくかん）に取って代われるようなメディアではなかった。

このように蔡倫以前にも紙はあったわけだが、実用的ではなかったようである。少なくとも文字を記録する媒体としては不適当であった。105年に後漢の宦官（かんがん）である蔡倫が、これまでの造紙技術に学びながらそれを大幅に改良して、樹皮、細かく刻んだ麻、ぼろきれ、古い漁網などの廃物を用いて、そこから植物繊維を取り出し、紙を製造する方法を発明した。大量生産可能な製紙法であり、その技術は中国各地に急速に広まった。ここに初めて紙が記録媒体として活用されることになったのである。

魏・晋王朝（220年～420年）になると製紙技術も改良されていき、より紙が使いやすくなり安価で大量生産されだすと、木簡や竹簡は徐々に使われなくなった。かつて木簡・竹簡で記録されていた書籍が紙に順次書き写されていったのである。この頃になると中国では紙は扇、傘、灯籠、凧などにも使用され、日常生活に紙製品が多く入り込むようになってくる。唐代（618年～970年）ではもはや記録媒体として紙を使うのは当たり前となっており、首都長安や洛陽の集賢殿書院（しゅうけんでんしょいん）では、四川省産の良質な紙に所蔵資料のすべてを書き写したという。

中国で発明された紙はまず朝鮮に渡り、次いで越南（現在のベトナム）や日本に伝播したと考えられる。日本に伝わったのは610年である。西方地域には、唐とイスラム教のアッバース朝が戦った751年のタラス河畔の戦いを契機にして伝わった。この戦いは現在の中央アジアのキルギスで行われ、中央アジアの覇権をめぐる戦いであったが唐が敗北し、捕虜となった唐人からアッバース朝が製紙法を教わったのが最初であるという。中央アジアのサマルカンド（現在のウズベキスタン）には早くも757年に製紙工場が稼働している。中東地域では紙の原料となる植物が存在しなかったため、亜麻やデンプンを使うなどして紙を製造し中東に広まっていった。イスラム教のモスクには図書館が併設されていたので、紙の本がそこに所蔵されていたのである。

ヨーロッパに紙が伝わったのは早くとも12世紀で、フランスのエロールには1189年に伝播したといわれている。ただヨーロッパにおいては紙の普及は遅々として進まず、ドイツのマインツは1320年、イングランドは1490年に伝わった。ヨーロッパ諸国に紙がすぐ広まらなかったのは既に羊皮紙が記録媒体として普通に使用されていたこと、さらにキリスト教徒ではない異教徒が発明した製品からくる拒否感もあったと考えられる。しかし1450年ごろにグーテンベルクが発明した活版印刷機は、ルネサンスの時代背景もあって瞬く間にヨーロッパ中に広まり、従来の羊皮紙よりも薄く、印刷しやすい紙に注目が集まった。

ルネサンス期のヨーロッパでは、羊皮紙に手書きで書写された本を中心に収蔵していた修道院図書館は後退し、科学技術の進歩を裏書きするように新興の図書館ができていった。それらの図書館には紙に印刷された図書が多く所蔵されていた。紙の本の時代に本格的に入っていったのである。

粘土板、パピルス、羊皮紙などが西洋において紙が登場する以前の代表的なメディアであるが、東洋ではどういったものが用いられていたのか。紙が登場する前のメディアは、動物の骨、甲殻、象牙、帛書のほか、青銅、鉄、金、銀、錫、石、玉、陶土などの鉱物、そして木簡と竹簡があった。

木簡と竹簡とは短冊形にした細長い木や竹の板で、長さは約1、2尺（約20～50cm）で、幅は約5分（約1cm）ばかりである。各片長いもので3、40字、短い場合は7、8字が書かれている。一つの文書を書くには数十片から数百片が必要で、1冊の本には千片を超える木簡や竹簡が必要となる。何百何千の木簡、竹簡を綴じるのに丈夫な絹の糸が用いられた。それを「糸編」と呼んだ。「糸」とは絹糸のことである。またなめした革ひもを用いることもあり、「韋編」と呼ばれた。「韋」とはなめし革の意である。

通常、全体を束ねてから文字を書き込むが、連ねられた木簡、竹簡は古くは「冊」と呼ばれた。「冊」は何片かの木簡、竹簡を連ねた様を漢字にしたものである。木簡と竹簡を合わせて簡牘（かんど）と呼ぶ。長くなった簡牘は丸めて保存された。

簡牘は殷代（紀元前17世紀～紀元前1046年ごろ）に始まり、春秋戦国時代（紀元前770年～紀元前221年）から晋（265年～420年）まで使用された。紙が発明されてもそれが貴重な時代では、紙と並行して使用され続けていた。日本では平安初期まで多く書写材として使われていた。ただ簡牘は木や竹であるので重量があり、持ち運びに不便で、保存するにも場所を取っていた。

写真４　帛書　出典 Wikipedia

春秋戦国時代になると、絹織物の上に書かれた書物が登場した。絹織物には縑といって２本の糸をより合わせて織られたものと、総称である帛などの名があったので、これらは「縑書」、「帛書」と呼ばれる。長編の帛書は巻いて収蔵された。それで書物を数える単位として「巻」という名が生まれたのである。帛書は柔らかく持ち運びも楽であったが、絹なので非常に高価であり一般の人びとの手にはなかなか届かなかった。そこで蔡倫が発明した紙の登場となる。

このほかにも紙が登場する前に使われていた記録媒体は、世界各地に多様なものが存在した。古代ギリシアや古代エジプトのオストラコンという陶片や、東南アジアで使用された貝多羅葉（ばいたらよう）という椰子の葉を加工したもの、石、樹皮、獣皮、骨など多種多様であった。

図書館は古代世界から存在しており、そこに収蔵された記録媒体も粘土板、パピルス、羊皮紙、あるいは簡牘、帛書そして紙と変遷をしてきた。図書館が紙の本を置くようになったのはここ 1000 年ほどのことであり、「図書館が紙の本を置く施設」という固定観念は 1000 年ほどで培われたと指摘できる。紙が登場するはるか以前から図書館は存在しており、時代とともに変化してきたメディアに柔軟に対応してきた歴史がある。今まさに紙からデジタルに記録媒体が変わろうとしているが、図書館は紙の本とともに滅びるという懸念は杞憂であるといえよう。

またメディア（記録媒体）の歴史を振り返ってもう一点わかったことは、新しいメディアが登場しても過去のメディアはすぐ捨てられないということである。粘土板とパピルス、パピルスと羊皮紙、羊皮紙と紙が共存していた時代も存在した。日本の奈良～平安初期には簡牘と紙が並行して使用されていた。用途によっては旧メディアのほうが使いやすい場合もあるので、メインの記録媒体の座を後発に譲った後でも、細々と生産され使用され続けたことが多い。現在のエジプトでもパピルスが作られているが、それは主に観光客向けの土産物として生産されている。しかしそういった需要もあるから現代でも作られており、つまりパピルスは完全に滅んでいないのである。

今後は紙からデジタルにメディアは大きく移ると目されているが、およそ 1000 年間かけて培われた紙の需要が一夜にして無くなるとは考えられない。図書館はデジタルがメインになっても紙の本の保存・利用も、変わりなく続ける必要があると筆者は考えている。

2.3　図書館が果たしてきた役割の変遷

今日の図書館は静かな館内で読書をするというイメージが一般には強いが、過去の歴史をふりかえると様々な側面があったことが窺える。

古代ローマ人は入浴が好きなことは広く知られているが、浴場に併設して図書館を建設したことはあまり知られていない。古代ローマの浴場は単なる入浴施設ではなく、今日でいえばレジャー施設といった性格のもので、さまざまなリラクゼーション設備が整備されていた。109 年にトラヤヌス帝によって建てられたトラヤヌス浴場には、温浴室のほかにサウナ、プール、マッサージ室、庭園や競技ができる中庭、会合のための大部屋、詩の講義室などがあり、そして図書館も設置されていた。図書館は東西に２か所存在し、蔵書はギリシア語とラテン語に分けられて向かい合うように設けられていた。これを「浴場図書館」とよぶ。

216 年にカラカラ帝が建てたカラカラ浴場が完成し、そこにも図書館が設置されていた。ここの図書館もトラヤヌス浴場図書館と同様に、東西に２か所設置されており、ギリシア語とラテン語に分かれて所蔵されていた。カラカラ帝はギボンの『ローマ帝国衰亡史』によると「暴虐な皇帝」とされており、219 年に近衛兵によって遠征中に暗殺されてしまうが、ローマ市民のために浴場や図書館は建設したのである。浴場図書館はローマ市内に数多く存在し、350 年ごろには 30 か所あったという。

海外の事例をみてきたが、日本ではどうだろうか。奈良時代末期に平城京内の自邸に芸亭（うんてい）という図書館（当時は「文庫」と呼ばれていた）を建設した、石上宅嗣は先進的な思想の持ち主で、蔵書を一般公開していた。そればかりではなく読書会なども開催し、時には宅嗣自らが五絃琴も演奏して利用者を楽しませていたようだ。かなり活動的な図書館であったことが窺える。

1848年（嘉永元）に三河国吉田（現在の愛知県豊橋市）に大名から町人までの寄付によって設置された羽田八幡宮文庫は、国学者を招いての講演会を開いているが､その活動はもっと多面的である。1854年（嘉永7）に起こった安政東海地震の被災者を救援するために、有志8人が13両を出し合って潰家1軒につき餅1重・赤味噌1重を重箱（蓋に「羽田文庫」の焼印を入れ、「御見舞」と記した手札に「文庫幹事」と押印）に入れて182軒に配布している。また1860年（万延元）の暮には米価高騰のため、貧窮者が米を購入できない事態に陥ったのを救援するために、米4升ずつを困窮者37軒に配布するなどの社会事業も行っていた。さらに飢饉が起こった時の対処マニュアルともいうべき中山美石『きゝんのこゝろえ』を文庫で独自に出版し町内に配布している。今日の公共図書館でもなかなか出来ないことを行っており、図書館という存在が吉田城下に根付いていたことがよくわかる。

このように、前近代の図書館活動は多岐にわたっていたことが判明した。図書館は1人で読書や勉強をしなければならない場所といった感が強く定着しているが、それはおそらく近代以降に形成された概念であり､比較的新しい時代に生み出されたものと思われる。インドの図書館学者ランガナタンは「図書館は成長する有機体である」と1931年に喝破したが、まさに図書館は時代と共にその役割や活動を徐々に変えていって発展してきたのである。現在そこに存在している図書館の姿は一過性のものでしかない。時代と一緒に柔軟に姿かたちを変えていけることこそが、歴史を振り返って明らかになった図書館の「強み」なのである。

【参考文献】

小林良生「蔡倫以前紙に関する学術論争」『科学史研究』47，2008.
今まど子，小山憲司編著『図書館学基礎資料』第５版，樹村房，2024.
新藤透『図書館の日本史』勉誠出版，ライブラリーぶっくす，2019.
新藤透『古代日本に於ける「図書館」の起源』樹村房，2022.
鈴木良雄，佃一可「2 章　ギリシャ思想と古代ローマの図書館」佃一可編『図書・図書館史』樹村房，現代図書館情報学シリーズ 11，2012.
銭存訓著；鄭如斯編：久米康生訳『中国の紙と印刷の文化史』新装版，法政大学出版局，2015.
張紹勛著；高津孝訳『中国の書物と印刷』日本エディタースクール出版部，中国文化史ライブラリー 1，1999.
佃一可「1 章　知識集積の形・知識の蓄積」佃一可編『図書・図書館史』樹村房，現代図書館情報学シリーズ 11，2012.
原田安啓『図書・図書館史：此処に無知終わり，「知」始まる』学芸図書，実践図書館情報学シリーズ 9，2013.
「コトバンク　デジタル大辞泉」https://kotobank.jp/word/%E6%B8%A9%E6%95%85%E7%9F%A5%E6%96%B0-455768　2024.7.31 閲覧

第３章

地域資料を活かして創る地域と図書館の新たな関係

加藤重男（北海道図書館研究会 会長）
野口武悟（専修大学教授）

3.1 はじめに

野口武悟

地域・郷土資料は、地域そのものの記録であり、その地域のアイデンティティの表出といっても過言ではない。当然ながら、地域について詳しく知ったり、調査研究したりするにあたっては、地域・郷土資料の存在は欠かせない。そのため、各地の図書館では、地域・郷土資料の収集、保存、提供に日々努めている。

地域・郷土資料を類型化してみると、大きく４つのタイプに分けられる。

１つめは、地域のこれまでの歩みのなかで生み出されてきた「郷土資料」である。近代以降の資料だけでなく、前近代（江戸時代以前）に生み出された文書等も少なくない。地域によっては、図書館ではなく、博物館や文書館で収集、保存、提供している場合もある。

２つめに、地域の行政がその執行プロセスのなかで生み出してきた「地方行政資料」である。地域の住民向けに周知・広報するために作られた資料はもちろん、議会の議事録なども所蔵し住民が閲覧できるようにしている図書館もある。「地方行政資料」については、各都道府県・市区町村の議会図書室が専門的に扱っており、こちらも住民に公開しているところが多い。また、文書館が置かれている地域では、文書館が中心となって扱っている場合もある。

３つめは、地域内の団体や個人が刊行した「地域内刊行資料」である。地域内に所在する農協・漁協、商工会議所・商工会、学校などの団体が刊行した記念誌や報告書なども含まれる。

最後に４つめとして、その地域に関連する出版物である「地域関係資料」である。書き手が地域内に居住している場合もあれば、そうでない場合もある。書き手が地域住民である場合は「地域内刊行資料」として扱うケースもある。ジャンルとしては、その地域が舞台のノンフィクションからフィクション、自然環境、ビジネスなど多岐にわたる。これら地域・郷土資料のうち、「地域関係資料」については、商業出版物として刊行され、市場流通しているものが多い。そのため、図書館としても個人としても入手が容易である。一方で、市場流通していない、かつ国立国会図書館にも納本されていない資料（その地域にある図書館だからこそ所蔵しているきわめてオリジナルな資料）もある。

当たり前の存在となったインターネットによって情報は何でも調べられる、手に入れられると錯覚しがちな今日だが、地域の図書館に行かなければ調べられない、手に入れられない資料や情報もまだまだたくさんある。そのなかには、地域・郷土資料のうちデジタル化されていない紙ベースのものも含まれる。地域・郷土資料のデジタルアーカイブに取り組む図書館が増えているとはいえ、2023年度でも21.8％に過ぎない（一般社団法人電子出版制作・流通協議会調べ）。そうなると、地域・郷土資料にあっては、紙ベースのもののほうが多いことになる。換言すれば、このことは、地域とその住民、さらにはその地域について調査研究する者にとって、地域とともにある地域・郷土資料とそれを所蔵する図書館が、インターネットには容易に代替できない大きな存在意義と役割を有することを意味しているといってもよい。

2023年３月に『わが町を知ってもらうなら！北海道の図書館員が薦めるブックガイド』（発行：中西出版　編者：加藤重男　監修：野口武悟、青木竜馬）という本が刊行された。本稿ではその編者である加藤重男さんとの対談を収録した。また加藤さんに『わが町を知ってもらうなら！北海道の図書館員が薦めるブックガイド』を編んで感じたことと題する一文を寄せていただいた。

少子高齢化、人口減が言われている。今後は地域外からのみならず海外からの移住も増えるだろうと言われている。地域・郷土資料は、その地域に生まれ育った人たちだけのものではない。その地域に根を下ろした人々が共有すべきものだろう。そのためにデジタル化はもちろん、場合によっては多言語化の必要が生じるかもしれない。

一方で、「孤独、孤立」の問題もクローズアップされてきている。そんな中、図書館単体としてではなく、公民館などとの複合化によって、市民の「居場所」としての図書館という機能が見直されてきている。大人同士、大人と子供、地域でずっと暮らしている人と新たにその地域で暮らし始めた人などをつなぐ核としての可能性が、地域・郷土資料にあるのではないだろうか。

本章では地域・郷土資料の観点から2050年の図書館を見ていきたいと思う。

3.2　対談　地域資料の観点から2050年の図書館を探る

加藤重男（北海道図書館研究会 会長）
野口武悟（専修大学教授）

〔野口〕公共図書館は、実は意外とどこの地域に行っても、金太郎飴みたいで特色ないよねって言われていた時期があり、今もそう言われているところがあります。そのなかで、図書館のその地域性を特徴づける存在というのが、私は地域資料じゃないかと思っているんですね。その地域らしさを一番体現しているというか、具体化している存在が地域資料なんじゃないと思うのです。

加藤さんは今回、北海道の全図書館を回られて、地域資料の存在をどう思われますか。

〔加藤〕まずその町の産業との関わりで地域資料が活用されているという部分があります。例えば日高地方でいえば、やはりサラブレッドで有名な地域なので、地域資料のコーナーに、もうそれは立派なサラブレッドの資料がどーんと揃っていて、JRA（日本中央競馬会）からも資料が寄贈されていたりとかしています。地域資料は配架方針、展示の方法も違いますし、地域資料がその町の産業にもリアルに活かされているというのがまず一つあります。

〔野口〕その地域、あるいは地場産業が、地域資料のコレクション構築へと繋がり、それがまたその産業の発展を支える、といったようなある種、循環しているというところですよね。

〔加藤〕地場産業に関する資料が地域資料のコーナーに置かれているケースは、道内各地で結構見られます。別海町図書館では酪農の雑誌を全て永久保存しています。出版社から許諾を取って、目次全てをコピーしてファイリング管理。それを利用者が閲覧できます。多分、北海道立図書館よりもその分野では充実していると思います。

〔野口〕そういうテーマのことを調べたいという、道内とか、もしかすると全国から問い合わせがあったら、それは道立から別海町の図書館に問い合わせが来るみたいなことですかね。

〔加藤〕そうですね。産業という意味で地域産業が活かされているところがまず大きな柱としてありますね。

〔野口〕それはあると思います。例えばこれが新潟だったらお米に関連してるとかあるのかもしれませんし、沿岸部に行けば海に関連するものがあるでしょうし。

〔加藤〕地場産業関連のものは多いですね。例えば置戸町立図書館でいえば、オケクラフト（注1）があるので、クラフトや木工など美術品の本が地域資料のコーナーで扱われています。

（注1）オケクラフトは、置戸町の「オケ」、昔から地域産業として生産されていた曲げ桶の「オケ」と、「クラフト」を合わせた地域クラフトブランド。

〔野口〕なるほど。地域資料って産業と繋がっている部分が結構ありますね。地域資料を考えるときの一つの大きな柱になると思います。これ、多分全国にあると思うのですね。

〔加藤〕それからやはり自然災害です。自然災害においては、東日本大震災などでも郷土・地域資料が消失したというケースがあると思うのですが、奥尻島がまさにそうです。奥尻地震（平成５年北海道南西沖地震）から、30年経ったということで、当時を覚えている町民が亡くなったり、移住で人口が減少しています。教育委員会や学芸員はインタビューしてまわっているそうです。できる限りの資料を集めたいと言っていました。そして今度はそれらを保存するというという形になっていくので、先ほどの産業とは全然違う事情の保存になっていくと思うのです。

〔野口〕なんかそういう文脈で言うと、それって図書館単体というよりも、奥尻の話の中でもあったように、例えば博物館の学芸員さんと連携とか共同しながら取り組んでいくということですよね。14、5年ぐらい前から、日本でも盛んにMLA連携と言われています。そんな中、博物館と図書館と文書館とかが連携することに関して、すでに地域資料を核に地道に行われてるという、そういう捉え方もできますよね。

〔加藤〕僕、ちょっと感じたのは、いわゆる公民館図書室に、学芸員がいろいろと良い意味で口を挟んできてくれているなっていう感じがしています。奥尻もそうでしたし、留萌地方の小平町もそうなんですけども、公民館図書室で学芸員はすごくその地域資料の棚を管理、ケアをしています。

〔野口〕なるほど。公共施設のマネジメントのあり方というのが問われていて、財政的な厳しさもあって、独立した公共施設を整備していくよりも、今ある公共施設をどう融合させて、より機能を高めるかという方向に向かいつつあるのではないですか。そう考えると、例えば郷土資料館とか博物館が地域の中に図書館とは別にあるということだけではなく、それらがむしろ融合して地域の魅力をより高めたり、発信していくことに寄与する面もありうるような気がしますね。

〔加藤〕各地を訪問すると、郷土資料館というのはどこも非常に寂しくて、開館休業状態が多いです。礼文島の郷土資料館は、冬場は休館しています。

〔野口〕はい、そういうところはかなりありますね。町立クラスは多いですね。市立になると開けているところがあると思うのですけども。それでもやはり、人口が２万人切ってくるような市だと、郷土資料館もかなり寂しいですよね。しかしだからなおのこと、図書館や公民館図書室が一体化しうまく融合していくことで、より多くの人たちに活用してもらう機会が増えるような気もするんですけどね。

〔加藤〕そうですね。もったいないなと。もっと郷土資料館活用すれば良いのにと思います。

〔野口〕ええ、わかります。すごいもったいないと。お宝いっぱいあるので。でも別に私は、郷土資料館が独立していてはいけないとか､そういうことが言いたいわけじゃないですよ。むしろ、使ってもらうために、図書館との一体性みたいなところがもっとあってもいいという気がするんですよね。

〔加藤〕日高町立門別図書館は、「日高町立門別図書館郷土資料館」という施設名で一緒に運営しています。だから、そういう意味ではすごく融合性があります。

〔野口〕それで、どうですか。やっぱり他の地域に比べると使われてる方ですか。

〔加藤〕使われてるっていうか。入館しやすいっていう。

〔野口〕なるほど。もう一体ですからね。

〔加藤〕同じ建物ですし、すごく気分的に入館しやすい建物だなっていう感じがしますね。その郷土資料館を作ったメンバーには司書たちもいます。それもあって図書館員も、その郷土資料館に思いがあって、すごくなんか良いなっていう気分になります。

〔野口〕そうですよね。図書館員の思いって、そういうところにも出てくるのかなとか。地域資料について、書架をどこに配置するかで大体わかるじゃないですか。その図書館は、地域資料に対してどういう立ち位置をしているのかというのが。奥まった、隅っこの方のスチール棚に地域資料が入れられて、鍵かけて置いてあるだけみたいなところもあれば、積極的にアピールしている図書館もある。それは全然違いますよね、捉え方が。

〔加藤〕全然違いますね。苫小牧市立中央図書館では、地域資料でも一般書で読みやすいものは、カウンターのすぐそばに置いているのです。逆にレファレンス色の強いものは2階の奥に置いたりして分けています。工夫をしている図書館はすごく見やすくて、なんか親しみがあるなっていう感じがします。

〔野口〕なるほど。では地域資料を考えるときに、その地域の歴史というのはいかがでしょうか。やはり歴史が一番、地域資料、郷土資料の柱になると思うのですけども。

〔加藤〕はい。その町の歴史資料の保存が柱になっていると思います。そして、その資料がフルに活用されているというケースもあります。

例えば、稚内市立図書館は、樺太から引き上げてきた人たちに関する資料を豊富に持っています。根室市図書館は北方四島の資料が充実しています。何故それが必要かというと、当時、現地に住んでいた方が亡くなったりした時に、司法書士とか家裁、ご遺族の方から、例えば樺太の豊原のどこに住んでいたという証明を必要とするそうです。当時の戸籍簿とかも、みんな燃えちゃったりしているそうなのです。稚内とか根室にはそういう資料があるので、結構本州の方から問い合わせが入ってくるといいます。

〔野口〕歴史の資料というと、歴史好きの人とか郷土史を研究してる人だけが、深く掘り下げるというイメージが強いですけど、そのお話はまさに生きた歴史資料ですね。

〔加藤〕ある年代の人たちがお亡くなり、この辺の資料の扱われ方は変わっていくのかもしれないです。いずれにしても、そういう問い合わせはよくあると、現場では言っています。

〔野口〕なるほどね、それはすごいな。それで、実際には、道立よりも根室や稚内の方が資料持っていると。まさにその地域に密接な資料ですね。

〔加藤〕そうですね、で、稚内に関していうと、礼文、利尻に関する資料も、図書館でしっかり保存されています。

〔野口〕北海道内の図書館、もちろん公民館図書室も含めて回られて、地域資料と言った時に、資料の形は何も文字ベースのものだけとは限らないわけじゃないですか。写真とか映像とか、いろんなタイプがあると思います。これは特徴的だな、あるいは、これはすごく特色があるなって思うような資料の種類とか形態とかはありましたか。

〔加藤〕上川管内の下川町図書室では、町民が撮った昔の町のビデオを図書室に寄贈して、それを町の地域資料として保管しています。例えば下川だと昔、名寄本線が走っていましたので、名寄本線が走った風景とかの映像が残っています。

〔野口〕いいですね、キハ40系とかが走ってた（笑）。

〔加藤〕ですです。まさにそういうのが結構ビデオであります。映像という意味では。これは東京の北区なんですけども、とにかく昔の運動会でもなんでもいいから映像や写真を、「北区の部屋」というコーナーを設置して保存しています。映像は面白いと思うのですよね。

〔野口〕確かにそうですよね。

〔加藤〕あとは地元新聞の資料性はかなり強いので、図書館はもっと活用してほしいです。

〔野口〕この本は2050年の図書館を見据えて、1冊にまとめようという企画なわけですけれども、例えば地域資料を今デジタルアーカイブ化して残そうという動きも結構広がってきています。デジタルアーカイブについては、加藤さんはどう捉えてますか。

〔加藤〕それは必要だと思います。例えば、紙の劣化対策として昔マイクロフィルムを活用していましたが、デジタルで見られるようになったことで、目に優しくなりました。もうマイクロフィルムは目には地獄だったんで。

〔野口〕検索性もないから。一通り見ていかないといけないですしね。

〔加藤〕そういう意味では、国立国会図書館がデジタル化してくれて、アーカイブで書籍を検索でき、見られるようになったのはとてもありがたいと思います。あと、さっき言った、映像は機材がもうなくなっちゃう。例えばLD（レーザーディスク）なんか典型的じゃないですか。これもその当時の再生方法は望めないので、保存方法についても考えなければいけないのではないでしょうか。

〔野口〕仮にビデオで撮って残っていても、見られる機会がないとなったら悲しいので。見られるようにするためにはどうするのかということも大切ですね。2050年頃には違った保存方法がまた生まれてくるだろうと想像しています。

それと、今の子どもたちが地域資料作りの担い手になると思うのですね。例えば10代の子だったら25年後の35歳とか40歳になった時に地域資料はどうなっているのかを逆算して、その町の地域資料をどうやって作ったら良いか考えてもらうということもありますね。

〔加藤〕人口が減っていく中で彼らにその町のこと、今日のこの町のことを語り継いでもらいたいと思います。例えば「3.11」の前日３月10日をどう過ごしていたかという記録なども残せると思います。

〔野口〕図書館や地域にとって地域資料ってどんな意味合いだろうという話をしてきました。次は、地方創生とか、地域作りということと図書館が密接に関わって展開されているようなケースが道内でもあると思うのですけど、そこに地域資料をこう活かしているというような事例はありますか。

〔加藤〕「平成30年北海道胆振東部地震」で被害にあった地域に安平町があります。そこに安平町立早来学園という小学校３校と中学校１校を合併させて、公民館図書室も同じ建物に入り、

2023年に開校・開館しました。図書室では地域資料も扱われています。学校なので子供たちもいて、一般利用者もいます。公民館ではいろいろな学びができます。家庭科教室を使って、町民がそこで料理教室を開くとか、体育館も生徒だけではなく町民がそこを使えるようにしています。そして、そこは災害の避難場所にもなっています。災害に関する記録も残されています。胆振東部地震はどのような地震災害だったのかを記録し小冊子も作ったりしています。

〔野口〕 なるほど。災害に強い地域づくりと、そこに学校、図書館、公民館も関わってくると。

〔加藤〕 夕張ではコンパクトシティ化して、新しい図書館に教育委員会も入って、バスターミナルもあって、学校帰りに集まるところに地域資料がある。夕張は、炭鉄港（注3）のある意味本丸みたいな町です。炭鉄港が今盛り上がっていて、どんどん全国から注目が高まり見学者が増えています。岩見沢、三笠とか。で、今度は、室蘭、小樽、歌市内に行こう、芦別の炭鉱にも行こうとかっていう感じでツアーも組んでいます。そうすると、図書館の地域資料が当然必要なわけです。その地域の研究をしている人がガイドをしています。これも地域資料活用の一種ではないでしょうか。

（注3）炭鉄港とは、北海道の近代化を支えた炭鉱・鉄道・港湾3つの産業で栄えた地域や歴史を指す総称

〔野口〕 地域資料というのは、加藤さん中心にまとめた本（『北海道の図書館員が薦めるブックガイド』2023　中西出版）でもその点は触れていますけれども、ある意味、ツーリズムというか、観光資源にも活かせるという側面も、ありますよね。

それにしても全道の図書館を訪問されたとのこと。私には真似

したくてもできません。しかも加藤さんの場合クルマは使わず、鉄道とバスが基本ですものね。

〔加藤〕そうなんです。廃線にだいぶなりましたしね。大変でした。

〔野口〕いやいやお疲れ様でした。そして今日は貴重なお話を聞かせていただきましてありがとうございました。

〔加藤〕こちらこそ、ありがとうございました。

3.3　『北海道の図書館員が薦めるブックガイド』を編んで感じたこと

加藤重男

『わが町を知ってもらうなら！北海道の図書館員が薦めるブックガイド』（以下本書）は2023年３月、中西出版より野口武悟氏、青木竜馬氏監修により私の編著で刊行した。ここでは本書刊行後に感じたことを記したいと思う。

その前に、まず北海道図書館研究会について触れておきたい。この活動が本書の母体となっているから。

2019年７月、「図書館総合展 in 札幌」開催に合わせて全道だけでなく、全国の図書館関係者が集うということで、何か勉強会をしないかと有志が集まり企画したのが北海道図書館研究会の始まり。コロナ禍の中、オンラインで講座や道内各地の図書館員との対談などを行なってきた。このネットワークが本書制作の土台となっている。

本書では「わが町を知ってもらうならこの本」というテーマで道内の公共図書館、公民館図書室にアンケートを配布した。全179市町村中170市町村から寄せられた回答の全てを掲載している。その町や周辺で生活している各地の図書館員からの回答は、生活や文化、歴史などがうかがえ、とてもいきいきしていた。

なお、「図書館員」と記述しているのは、図書館に勤務している人は司書に限らない。司書資格を有しなくても図書館のために汗をかいている人々を忘れてはならない。

刊行後、新聞などの取材を受け、書店や図書館での講演を行なった。図書館での講演では本書のアンケート回答者が聴講している場合も少なくなかった。その町を知ってもらう本を図書館員が推薦するという、本書のメイキングや仕組みに対する関心はとても高かった。

札幌の書店が独自フェアを展開してくれた。掲載している地域資料を最大限取り寄せたフェアが開かれた。一方で、本書を叩き台にして書店員自ら、この町ならと選書したフェアもあった。いずれも個性的であった。嬉しいのは書店員が本書を好きになって積極的に取り組んでくれたことだ。

図書館も黙ってはいなかった。早速本書に掲載している「その地域の資料」を閉架書庫から表に出し、住民に紹介、再認識してもらおうという取り組みがあった。普段地域資料の利用や貸出しは比重が低い。本書によって、そこにスポットを当てることができたのは、新たな開拓と言えるだろう。

本書では本の推薦だけではなく、図書館員がなぜその本を奨めたのかその理由も記述していただいた。「１冊の書籍の１章に綴っている箇所こそがわが町を象徴している」「(小説を読んで) これうちの町をイメージして書いていないか？」「今うちの町でブームになっていることはこれだ」という選書理由。そして「選書の考え方がとてもさまざま」「地域資料への考え方について参考になった」という感想が読者から寄せられた。あまり目にすることのない〈選書の視点〉への驚きである。編者として全て素晴らしい選書基準だと評価させていただきたい。一方で、この町ならもっと良い資料があるよという意見もあった。その意見も大事だ。地域資料を選ぶことに「これ！」という答えはないのではないだろうか。

それにしても「この本」と１冊を選ぶのは難しい。私は現在札幌に住んでいるが、札幌で１冊選書してみろと言われたら、それなりに時間を必要とするだろう。

因みに、私は悩んだ上で『札幌テレビ塔二十年史』（1978年）を選んだ。札幌という町ができていく様子が、テレビ塔という札幌のシンボルを通じて追うことができるから。

本書発行の頃、私は全道の自治体の半分も訪問してなかった。しかし本書の編集を通じ、訪問してみたい、実物の資料を見てみたい、どのような方が選書したのだろう？その図書館や図書室は地域と、どのような取り組みをしているか知りたいという意欲がかき立てられた。そして直接取材するようになった。あいにくアンケートから２年経過したので異動や退職などでお会いできない図書館員も少なくなかった。しかしアンケートにこたえてくれた図書館員が、その空間で考えて選書してくれたことは紛れもない事実。たとえお目にかかれなくても、その空間を訪れてみたくなった。

2024年は徹底的に訪問していない町を取材した。そして同年11月上川町公民館図書室で全179市町村の公共図書館と公民館図書室訪問を達成した。

訪れてみて気づくことが多かった。ユーモアに満ちた図書館員がたくさんいた。施設が立派でもとても冷たく感じる図書館もあれば、築40年以上は経過している図書室でも、とにかく明るい挨拶をしてくれる施設もあった。隣接する町同士の関係も見えてきた。図書館員との会話、その町を探索することで、なぜその資料を選書したのか自ずと見えてくる気がした。

こういった活動を通して公民館図書室に感銘を受けた。地域資料の配架位置を工夫している施設も少なくない。町民とのコミュニケーションが密接で、司書はいないが創意工夫しアプローチしていた。管理方法が多岐に渡っていることは、本書の刊行によって一番気づかされたことかもしれない。直営や指定管理などの形態に関係ない。

野口氏との対談でも触れたが、1993年に北海道南西沖を震源とする大地震「平成5年北海道南西沖地震」が発生した。しかし既に30年が経過し、当時を経験した住民が、移住したり亡くなったりし少なくなっている。このため地震の情報を得るのが困難になってきているという話を奥尻町海洋研修センターの図書室員から聞いた。そこでこの施設では現在徹底的に当時を知る人へのインタビューを行い、資料としてまとめているとのこと。この様な記録を残す取り組みは、防災対策として地震や津波による避難訓練に繋がる。

2024年秋、実験的なワークショップを千歳市立図書館、新ひだか町図書館、町立様似図書館で行なった。各町に住んでいる子供たちに「あなたが住んでいる町を頭に思い浮かべ、図書館が所蔵している本の中から『これだ』と思う本を探して」という企画。地域資料は世代を越えて引き継がれていかないといけない。そこで子供たちがどのような地元に関する本を、どのような方法で選ぶのかを募った。

千歳市立図書館では、子供たちはOPACでイメージするキーワードを検索して選書してきた。イメージそのものがとても大事だと思う。一般書からIT関連書を選書した子供がいた。まもなく半導体企業ラピダスの千歳工場が誕生する。イメージは新千歳空港でなく半導体だったのが興味深い。

新ひだか町図書館や町立様似図書館の子供たちはOPACではなく書架に向かい、友達同士や親に相談して選書した。祖父が昆布業を営んでいるからという理由で昆布の本を選書した子供がいた。様似の夕焼けがとても綺麗という理由で、夕焼けの美しい表紙の絵本を選書した子供もいた。まさにこれこそがその町の地域資料かもしれない。

2050年…。地域資料はその時になっても引き継がれていないといけない。

第 4 章

AI 時代の情報サービス

長谷川幸代（跡見学園女子大学）

4.1　図書館における情報サービス

図書館での「情報サービス」には、様々な種類のものがある。AI時代の情報サービスがどうなっていくかを考える前に、どのようなものがあるか紹介しておこう。ちなみに、図書館のサービスを「資料提供サービス」と「情報提供サービス」に分けることがあるが、後者はあまり一般に知られていない傾向がある。ここでは、情報提供サービスの代表的な例を紹介しておく。

4.1.1　レファレンスサービス

情報サービスの代表的なものに「レファレンスサービス」というものがあり、利用者の多様な質問に回答するもので、図書や記事等の資料に関することから、事実そのものを尋ねるものまで幅広い。レファレンスサービスという専門用語では利用者に分かりづらいため、図書館では「調べもの相談」や「調べもの案内」の名称を使っていることが多い。とても便利なサービスであるが、一般に広く知られていないため、初めて知った人は「図書館はこんなことまでしてくれるのか」と驚くものだ。例えば、「歴史上の○○という人物は、どんな人物か」といった質問に対して、その詳細を根拠となる文献等をもとに具体的に回答することがあるが、このような具体的内容を、図書館が回答してくれるとは思っていない人が大半ではないだろうか[1)]。

もちろん、資料への対応も行っている。探している資料を見つけるだけでなく、テーマに合った資料や論文を探してその書誌情報を提供したり、探し方の案内をしたりする。回答の際に活躍するのが、オンラインデータベースだ。かつては紙媒体の目録や書誌、事典等を活用していたが、これらは現在データベースというデジタル形式でインターネットを通じて提供されている。図書館の強みは、有料の高額な商用データベースを契約し、利用者に無料で提供している点だ。

レファレンスサービスは、現代の図書館では、「課題解決支援サービス」にも欠かせない要素で、効果的なレファレンスサービスを通じて人々の日常の問題や関心事を解決に導くことが多々ある。必要とされる情報の種類は、ビジネス、子育て、法律、地域など多岐に渡る。また、自治体によってはその地域の独自性を活かしたテーマに関する情報提供サービスを展開している。

4.1.2　レフェラルサービス

その図書館に探している資料や情報が無かったら、どうしたらよいだろうか。その場合は、他の図書館等を紹介したり、資料の有無を確認したりする。これがレファレンスサービスの一環として行われる、「レフェラルサービス」（「紹介・照会サービス」）である。図書館は、他の機関とも連携をとり、自館では入手できない資料や情報を利用者に提供できるよう努める。スムーズに対応するために、事前にテーマごとに関係機関をリストアップしておくこともある。

図書館は、利用者の利用可能性（availability）を最大限確保するという役割をもっており、レフェラルサービスによって、当該図書館で手に入れられない資料や情報を利用することが可能となる。利用可能性とは、『JIS X 0812 図書館パフォーマンス指標』によれば、“利用者が要求したときに、コンテンツ、資料、施設又はサービスについて、実際に図書館が提供できる程度”を示す。これは通常資料に対して用いられ、ある資料を利用したいと望んでいる利用者がいるときに、実際にその資料を利用できるかどうかに関する可能性をいう。書架にあり、すぐにその利用が可能な場合を「即時的な利用可能性」とし、相互貸借などを経由するような場合と区別することがある[2)]。

利用者が必要とする資料や情報は、情報化社会の進展に伴い高度化・専門化する傾向にある。それに対応するためには、他機関との連携や協力がより必要になってくるだろう。ネットワークを有効活用した、迅速かつ多様な資料・情報提供サービスに期待がかかる。

4.1.3 読書相談

読書に慣れている利用者もいれば、何か読みたいと思っていても何を選んでよいか分からない、という利用者もいる。そういった人々に対し相談に応じて、資料の選択、検索、入手を支援するのが、読書相談である。「図書館員は資料と利用者を仲介する」役割があると言われているが、これによって利用者の潜在的な要求を明らかにしたり、図書館資料の利用を促進したりすることができる。

読書履歴の記録には賛否両論あり、基本的には返却と同時に消去する方針をとるが、利用者自身の希望に応じて履歴を残すこともある。そういったデータを活用するデータマイニングの手法を活用して、お勧め図書の表示等の新たなサービスが出来るのではないかという考えもある。利用者のプライバシーを守りつつ、データ分析を活かした発展的サービスにどう取り組むかが昨今の課題である。

4.2 デジタルアーカイブという情報資源

現代の図書館における情報資源として注目され、その活用に期待がかかるものに「デジタルアーカイブ」がある。『図書館用語辞典』によれば、有形・無形の文化財をデジタル情報として記録し、劣化なく永久保存するとともに、ネットワークなどを用いて提供することで、最初からデジタル情報として生産された文化財も対象となる[3)]。提供しているのは、図書館だけでなく、博物館、美術館、公文書館などでも多く事例が見られる。

様々な資料がデジタルアーカイブにより公開されることで、場所と時間の制約を超えて閲覧することができる。実施にあたっては、デジタル化作業にかかる時間や労力、費用、著作権の処理など考慮すべき点もあるが、今日の欠かせない情報資源である。

4.2.1　デジタルアーカイブの活用

2020 年 8 月に、国立国会図書館（NDL）は、国のデジタルアーカイブの分野横断型の統合ポータルであるジャパンサーチの正式公開を発表した。自分の電子展覧会「ギャラリー」を作成できる「マイノート」機能や、「マイノート」や「ギャラリー」の共同編集機能等が備わっている。2024 年 10 月の時点で連携機関は 152 機関あり、図書館、博物館、公文書館だけでなく、総務省行政管理局や放送番組センターといった情報センターも加わっている（図 1）。

文化の保存・継承・発信のみならず、観光や地域創生、教育研究、

図 1　デジタルアーカイブ横断検索「ジャパンサーチ」

ビジネスへの利用など、新たな価値の創出やイノベーションの推進も役立てることを目的としたもので、コンテンツの所在を明らかにし、デジタル情報資源が効果的に発見され、有効活用されていることを目指しているものだ。あわせて、コンテンツを利用した授業やイベントでの活用事例も発信している[4)]。

2024年10月には、香川大学が「香川・時空間デジタルアーカイブ」を公開している。2022年4月に同大学が締結した公益財団法人松平公益会との覚書に基づき開発されたもので、「時空間デジタルアーカイブ」は、時空間の中に様々なコンテンツを配置し、人物の生涯や事象の流れを一つの「スレッド（糸）」として表現し、その軌跡を単に時系列（時間）に閲覧するだけでなく、その舞台となった時代（時間）と場所（空間）を合わせて追体験（閲覧）できる仕組みを構築したということだ[5) 6)]。これまでは、モノをデジタル化してネット上から公開するというものが中心で、それが創られた時や場所を超えて私たちはそのモノをウェブ上から確認することができた。「時空間デジタルアーカイブ」は、地図上にその地域のアーカイブを配置し、時代による変化を感じられらるような「流れ」を

図2 「時空間デジタルアーカイブ」による地図（中央）と景観（左）の表示

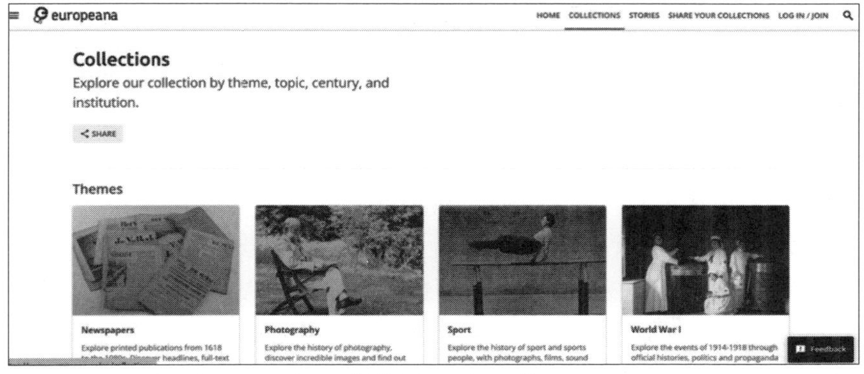

図3　EUのデジタルアーカイブが検索できる「Europeana」

意識した内容となっている（図2）。

世界的にも、様々な文化資源をデジタル化してオープンアクセスの状態にすることで、共有を可能にし、理解の促進や研究の発展に寄与するような動きがある。「Europeana」は、EU圏内の文化機関のデジタルアーカイブを横断検索できるサイトで、図3はテーマごとのコレクションが確認できる画面である。検索できるデータベースは、フランス国立図書館が所蔵する印刷物、写本、録音資料、楽譜、地図などのデータや、フランス国内の提携図書館が提供するデジタルデータなどが収録されているGallica（Bibliothèque nationale de France）、Deutsche Digitale Bibliothek（Deutsche Digitale Bibliothek）という、ドイツ国内の図書館・博物館・文書館等の提供するデジタルコンテンツを全て検索できることを目指してつくられたポータルサイト、DigiVatLib（Vatican Library）という、バチカン図書館の所蔵する文書・資料等のデジタルアーカイブである。

デジタルアーカイブの際に重要になるのが、データのデータとも呼ばれる「メタデータ」の存在であり、これが付与されることにより、情報資源が整理され利用する際にも検索しやすい状態になる。このメタデータには世界的な標準がいくつかあり、標準化された形式に則って付与することで、より検索しやすく利用しやすくなる。

4.2.2 デジタルアーカイブのこれから

デジタルアーカイブは、今後ますますデータ数を増やしていくだろう。大きな災害の際に歴史的な資料の原物を失った経験は、代替となるデジタルアーカイブの必要性をいっそう強調することになった。また、世界の長い歴史の中で、植民地支配による占領での押収や輸出により流出した文化財が数多く存在している。本国へ返却する事例も増えてきているが、政治的な背景などの問題からすぐに返却することが難しい例があり、その際にはデジタルアーカイブのオープン化によって、資料の提供と活用を早める動きも出ている。中には、一国だけでなく当該の国同士の機関の協力により、充実したデジタルアーカイブを構築している事例もある[7)]。国際平和を唱えるならば、こういった協力体制による情報資源の活用こそが、それ自体だけでなく、双方の理解や協調を活性化させることに繋がるだろう。

また、これからのデジタルアーカイブには、メタデータの重要性がさらに問われることとなるだろう。メタデータには、タイトル、概要、作成日、場所、時代などがあるが、責任の主体なども記載されるため、管理の面でも必要なデータが含まれる。図書館は、古くから資料の書誌情報を「目録」という形で記録してきた。カード目録からコンピュータ目録に変わっても、標準化された形式に沿って記述をしたことで、データ交換といったやり取りも可能となり、幅広く活用、管理することができている。デジタルデータは、画像やテキストを解析することで似たようなものを表示させたり、関連データを紹介したりすることがある。しかし、正確に管理し、利用者に情報を提供していくとなれば、標準化されたメタデータのような記述が欠かせない[8]。このメタデータをどのように記述して利用していくかが今後の課題でもあるだろう。検索エンジンとは一線を画した情報提供を目指すのであれば、必要な情報を正確に届けるための手立てが必要だ。このメタデータの付与に関して、アメリカの議会図書館は、ウェブアーカイブの規模が拡大したことから、利用可能となるまでの時間を維持するため、ウェブアーカイブの目録作成にあたり、目録担当者の能力とプログラミング言語（Python）を組み合わせた、記述メタデータのスキーマ MODS に基づいたレコード（簡略版の MODS）を自動的に生成する手法を用いている（図４－１、図４－２）[9]。

日本では、「３か年総括報告書（令和２年８月）我が国が目指すデジタルアーカイブ社会の実現に向けて」（デジタルアーカイブジャ

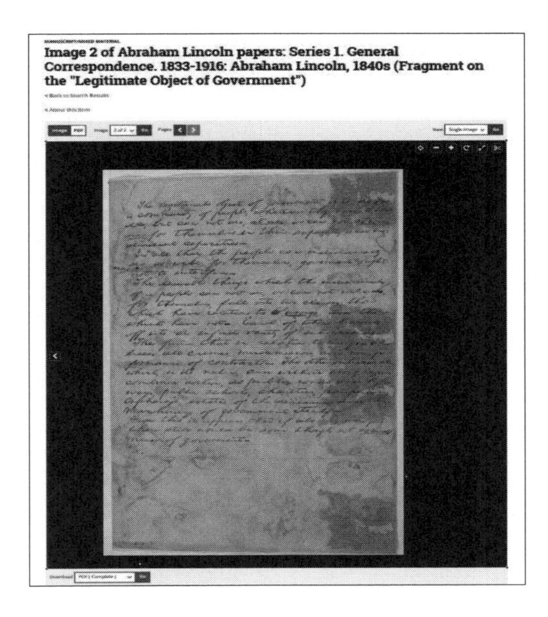

図４－１　米国議会図書館（LC）のデジタルコレクション[11]「リンカーンの書類」
Image 2 of Abraham Lincoln papers: Series 1. General Correspondence. 1833-1916: Abraham Lincoln, 1840s (Fragment on the “Legitimate Object of Government”)

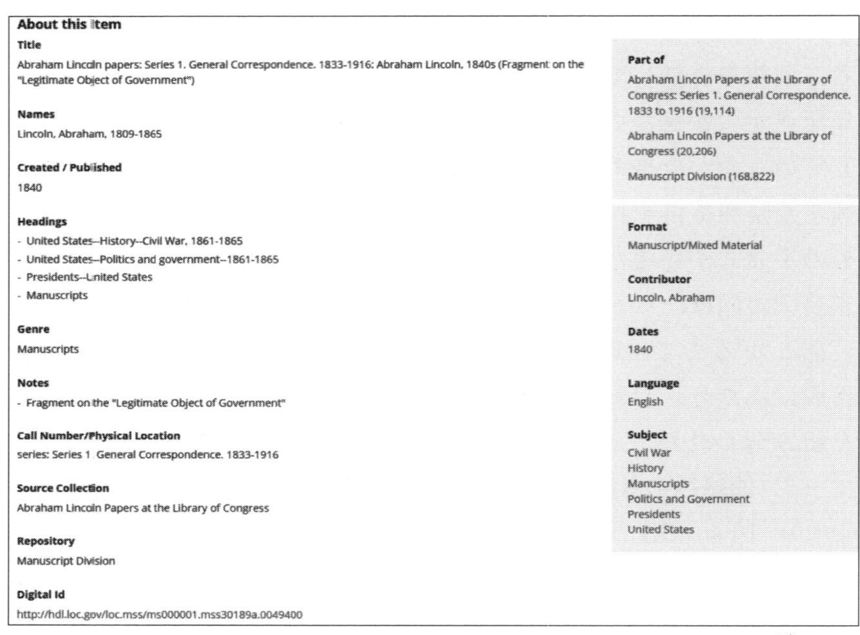

図４－２　デジタルコレクションのメタデータ（図４－１のデータに付与）[11)]

パン推進委員会・実務者検討委員会）を発表し、構築から保存、オープン化や利活用の促進、法的基盤の整備、人的基盤の整備の成果を示した[10)]。今後も「デジタルアーカイブ戦略懇談会」、「デジタルアーカイブ推進に関する検討会」等による議論が進む。

デジタルアーカイブは、デジタル化の技術とともに組織化による整理技術が重要となる。また、それを構築して社会の中でどう還元していくかという議論を十分に練り、国際的に共同で発展させていく動きもある。これらの情報資源をどのように構築して利用者に効果的に届けていくかは、図書館サービスの中でもいっそう必要性が増すだろう。図書や雑誌などの資料とともにデジタルアーカイブを提供することで、利用者の調査研究活動などを支援していくサービスが出来れば、より充実した情報提供サービスが展開されていく。

4.3　AIと図書館における情報サービスのゆくえ

4.3.1　「電子図書館」とは何か

電子図書館という言葉自体は、インターネットが一般に普及するかなり前から使われていた。その定義は様々である。長尾真は電子図書館の発展過程を二つのステージに分け、第一のステージは資料をデジタル化し、通信を介して資料を利用者に届けるようなものであるとした。これは、現在の電子書籍等デジタル資料のインターネットによる提供やオンラインサービスを指すものである。第二のステージは、「人間頭脳のもつ知識とその活用の機能にできるだけ近い機能をもつシステムを作ることである」と述べている。これは、AIを活用したデジタル化された図書館の姿を示しているものだろう[12]。

一方で、「場所」の重要性も指摘されてきた。バーゾールは、『電子図書館の神話』の中で、「図書館は、社会的な交流をすすめ、共同社会および文化の質の保持に携わり、そして感性および知性を刺激する場所であって、その点で重要な社会的機関として機能し続けるであろう。（中略）社会はたえず新しい図書館を建設し、アメリカの遺産の一部としての図書館を保持することで、その物質制度的存在の必要性を再認識している。」と記している[13]。この書は1994年（日訳1996年）のものであるが、現代の図書館機能によく合った記述ではないだろうか。私たちは、図書館の「場」としての活用に力を注ぎ、そこでは交流を促し、地域のコミュニティの情報拠点として多様な文化資源を蓄積して提供している。

これからの電子図書館が意味するものは、やはり資料がデジタル化され、ネットワークを通じて閲覧、貸出、予約ができるだけではなく、オンライン会議システムを通じて対面に近い形式のイベントが開催されたり、「図書館」そのものがバーチャル空間で再現できるようなものとなるだろう。さらにAIを活用したサービスが展開され、組織化の作業（目録や分類、メタデータ記述等）にも活かされるだろう。「場」としての機能を画面上で経験できるようになると予想する。資料のハイブリッド化、つまり、アナログ形式とデジタル形式の双方による提供は以前からいわれてきたが、これからは図書館という「場」もハイブリッド化となるのではないだろうか。リアルな空間とオンライン上のデジタル空間で場を提供するという仕組みだ。

4.3.2 AIを図書館に活かす

AIを図書館の業務やサービスにどのように活かすのだろうか。東京都立中央図書館では、実証実験を経たのち、2022年1月に「チャットボット」による利用者への案内を開始した（図5）。その前後にも、大学図書館や公共図書館でチャットボットによる情報提供を始める図書館が現れた。チャットボット（chatbot）とは、「チャット」と「ボット」を組み合わせた言葉で、人工知能を活用した「自動会話プログラム」であり、「ボット」はロボットの略である。なかなか良い返答が出てこないということもあったが、近年は以前に比べだいぶ進化してきており、今後のさらなる進歩に期待がかかる。正確な返答がすぐに得られることもあれば、求めているような回答がなかなか得られないということもあるが、利用者にとっては直接尋ねる手間を省いたり、手軽にいつでも質問できたりするという点でメリットも大きい。

図書館内での業務でも、活用の場がみられる。目録の作成にあたっては、AIを活用することで、効率を上げることも考えられる。何らかの形で情報源を与えることで、人工知能チャットボットである

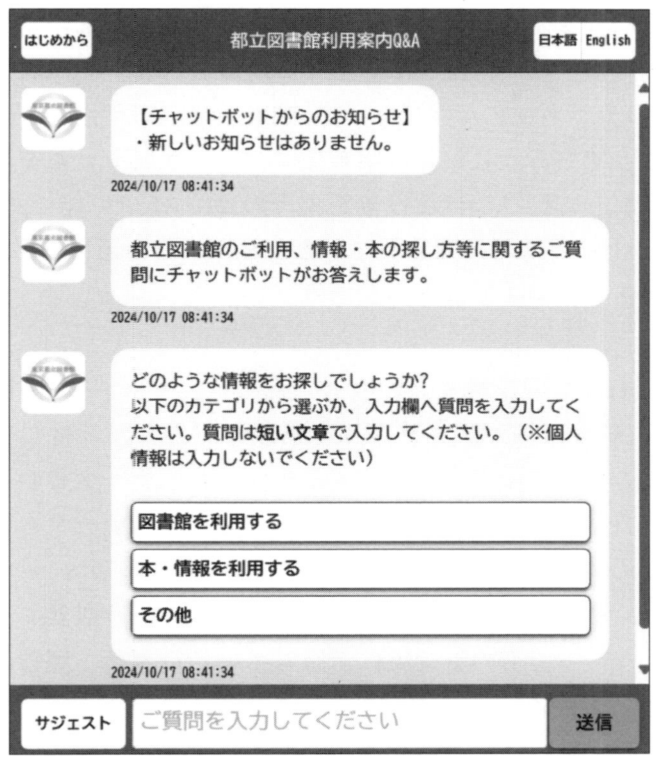

図5　都立中央図書館 HP　チャットボットによる利用案内

ChatGPT はそれらしき目録を作成するが、全てを生成 AI に任せることはできないだろうといわれる。高度な判断を必要とする難易度の高い作業は、人間の手に残り、目録担当者の仕事となるということだ[14)]。

図書館の指定管理者を請け負った特定非営利活動法人地域資料デジタル化研究会では、ChatGPT を利用したレファレンスサービスに取り組んだ。その際には、事前に何を学習させるかが重要なポイントとなることが指摘されている。その他、アバターライブラリアンが登場する可能性についても言及している[15)]。アバターは仮想上の自分の分身のことである。電子図書館の構想が進めば、その中ではこのアバターが活躍する日が来るかもしれない。「建物」「設備」「資料」のデジタル化だけでなく、「図書館員」がデジタル化されるということである。しかし、柔軟なコミュニケーションや利用者と資料を理解して結びつける役割を担うのは、AIに可能であろうか。AIを活かし、利用者に満足を与えるようにするためには、コーディネートする人材が欠かせないだろう。

4.3.3 これからの情報サービス

AIは、命令に従って多種多様な情報を収集し、分析して人間に提供する。収集するものは、デジタル化されたデータそのものもあれば、資料やデータに付与された書誌情報やメタデータも含まれるだろう。その時に、正確で十分な書誌情報やメタデータが無ければ、出てくる結果はニーズに合致したものからかけ離れてしまうだろう。こういったものを確実に記録していく役割は、図書館に必要なものとして残るのではないだろうか。ツールとしてAIを使用しても、人間が補完する必要がある。また、書誌記述やメタデータの記述のルールと標準化の作成・維持も必要だ。

欧州文化遺産プラットフォームEuropeanaは、2020年3月に、2020年から2025年にかけての戦略“Europeana strategy 2020-2025: Empowering digital change”を発表した[16]。ミッションとして、デジタル変革のための専門知識やツールの開発・改善、方針の立案、イノベーションを促進する連携関係の推進を行い、教育、研究、創作、レクリエーションにおける文化遺産の利用を容易にし、オープンで知識に富み、創造的な社会に寄与することを掲げている。取り組む優先事項は、技術基盤の強化（Strengthen the infrastructure）、メタデータを含むデータの質の向上（Improve data quality）、能力の育成（Build capacity）の３点だ。この優先事項は、今後図書館が取り組む事柄とも一致するものだろう。

利用者から、あるテーマに対する資料と情報を求められたらどうするだろうか。今までは、資料の提供、資料に関する情報の提供、情報そのものの提供が中心だったが、今後は、そこにデジタルアーカイブも加わってくる可能性がある。図書館には利用者に対するサービスを行う際に、関連する諸機関と協力して連携することが望まれる。それは、ネットワーク上の情報資源に関してもいえることである。

これからの情報サービスは、どのようになっていくのだろうか。かつて、インターネットが普及し始めた頃には、図書館の存在を危惧する意見もあったが、実際には図書館に求める資料や情報は「高度化」「専門化」したといえるだろう。これからもそういった状況は続くだろう。さらに加えたいのは、「総合化」という概念だ。多岐に渡る資料や情報、AIをはじめとするデジタルツールを駆使してサービスを展開したり、利用者に情報提供をしたりするという役割だ。利用者のニーズの理解を前提に、図書館や社会がもつ情報資源を熟知して、デジタル技術を利用しながら満足の得られるサービスを提供していく。提供するものは、「図書館」にある情報にとどまらない。勿論、AIやロボットが代わって行う部分も出てくるだろう。しかし、そこがメインになるのではなくて、「利用者」が学んだり、課題を解決したり、コミュニケーションをとったり、創造したりと活躍することが重要だ。それには、そのための計画を立て、監修、コーディネートしていく人が必要とされる。図書館員の新たな役割が期待されるだろう。

【注・参考文献】

1) 宿題や懸賞問題、治療に関すること、健康相談、法律相談、身の上相談、鑑定などには回答しないことになっている。

2) “利用可能性”, 図書館情報学用語辞典 第5版, JapanKnowledge, https://japanknowledge-com.atomi.idm.oclc.org ,（2024/09/11 accessed)

3) “デジタルアーカイブ”, 図書館情報学用語辞典 第5版, JapanKnowledge, https://japanknowledge-com.atomi.idm.oclc.org , (2024/09/13 accessed)

4) 「ジャパンサーチ」国立国会図書館、https://jpsearch.go.jp/（2024/10/14 accessed）

5) 「香川・時空間デジタルアーカイブ」
https://green-forest-087aa1d00.5.azurestaticapps.net/index.html#map（2024/10/11 accessed）

6) 「香川大学、「香川・時空間デジタルアーカイブ」を公開」、カレントアウェアネス-R、国立国会図書館
https://current.ndl.go.jp/car/228033（2024/10/11 accessed）

7) Yukiyo Hasegawa and Takashi Nagatsuka. ”Preservation and Public Access to the Ex-Colony-related Materials in Cultural Institutions” World Library and Information Congress（WLIC）Materials, 88th IFLA World Library and Information Congress（WLIC）, 2023 the Netherlands: Rotterdam.
https://repository.ifla.org/server/api/core/bitstreams/c2de3455-6ad2-4314-bc8a-58ff69e7b8d5/content（2024/09/15 accessed）

8) メタデータ言語の主要なものとしては、Schema.org、Web Ontology Language（OWL）、Simple Knowledge Organization System (SKOS)、ダブリンコア（DC)、Friend of a Friend（FOAF）などがある。文化遺産分野のものとしては、CIDOC Conceptual Reference Model（CIDOC CRM)、Categories for the Description of Works of Art（CDWA)、Visual Resources Association Core（VRA Core)、PREservation Metadata: Implementation Strategies (PREMIS) などが

挙げられる。
9)　「米国議会図書館（LC)、新たに 4,240 件のウェブアーカイブを公開：メタデータの自動付与を実施」カレントアウェアネス、国立国会図書館。https://current.ndl.go.jp/car/36445（2024/09/15 accessed）
10)　「３か年総括報告書我が国が目指すデジタルアーカイブ社会の実現に向けて」デジタルアーカイブジャパン推進委員会／実務者検討委員会、首相官邸、2024 年８月 19 日。
https://www.kantei.go.jp/jp/singi/titeki2/digitalarchive_suisiniinkai/pdf/r0208_3kanen_houkoku_honbun.pdf　(2024/09/20 accessed)
11)　"Image 2 of Abraham Lincoln papers: Series 1. General Correspondence. 1833-1916: Abraham Lincoln, 1840s（Fragment on the "Legitimate Object of Government"）", Digital Collections, Library of Congress.
https://www.loc.gov/resource/mal.0049400/?sp=2&r=-0.569,0.087,2.138,0.981,0
(2014/10/15 accessed)
12)　長尾真著『電子図書館』、新装版、2010 年、岩波書店。p. v - vi。
13)　W.F. バーゾール著、根本彰ほか訳、『電子図書館の神話』、1996 年、勁草書房。pp.214。
14)　木村麻衣子「AI で作れるでしょと言われてしまう日本の図書館目録について」、『第 23 回情報メディア学会研究大会発表資料』、2024 年、情報メディア学会。p.3-6。
https://www.jsims.jp/kenkyu-taikai/yokoku/jsims_2024_lecture.pdf
(2024/09/16 accessed)
15)　丸山高弘「公共図書館における AI 技術の活用と展望」、(特集：今日の生成 AI 技術の動向について)、『情報の科学と技術』、74 巻８号、情報科学技術協会、2024 年。p.310-314。
16)　" Europeana strategy 2020-2025 summary" Europeana,2020.
https://pro.europeana.eu/files/Europeana_Professional/Publications/EU2020StrategyDigital_May2020.pdf（2024/09/18 accessed）

第５章

韓国の図書館制度
～海外の図書館動向から考える
日本の図書館の未来～

千 錫烈（関東学院大学）

5.1　はじめに

図書館制度は各国によって大きく異なる。隣国の韓国の図書館は法令や制度が整備され、専門職制度も確立しており司書が質の高い図書館サービスを展開している。

本稿では韓国の図書館制度について日本と比較をしながら概観する。次に釜山広域市で展開されている「アナログとデジタル」そして「遊びと学習」が融合した読書施設である「釜山こども複合文化空間『トゥラッナッラ』」を取り上げ、海外からの視点を基に、これからの日本の図書館の未来について考える。

5.2　韓国の概要

韓国の面積は日本の約 1/4 の 10 万㎡、人口は約 5,177 万人と日本の人口の 40% 程度である。日本と同様に少子化が社会問題になっており、2023 年の出生数は約 23 万人、合計特殊出生率は 0.72 と日本よりも深刻な状況となっている。少子化に伴う労働力不足は韓国も日本と同様であり外国人労働者が増加している。2024 年 10 月現在では韓国の総人口の 4.8% にあたる約 246 万人が外国人である。また､1 人あたりの GDP は 3 万 5,563 ドルと日本を超える水準となっており、経済的には日本と遜色がない国といえる。(表 1)

5.3　韓国の図書館関連法規

5.3.1　図書館法

韓国では 1963 年に「図書館法」が制定された。1994 年に「図書館および読書振興法」に改正され図書館だけでなく読書推進を担

表１　日本と韓国の概要

	日本	韓国
面積	約 38 万㎢	約 10 万㎢
人口	約 1 億 2,398 万人 （2024 年 6 月）	約 5,177 万人 （2023 年 11 月）
合計特殊出生率（2023 年）	1.20	0.72
出生数（2023 年）	約 72.7 万人	約 23.0 万人
在留外国人（2024 年）	約 358 万人 総人口の 2.9%	約 246 万人 総人口の 4.8%
1 人あたりの GDP（2023 年）	3 万 3,849 ドル	3 万 5,563 ドル

う法律となった。2007 年に再び「図書館法」と「読書文化振興法」に分離し単独法として全面改正された。図書館法は図書館に関する基本法として現在に至っている。

日本の図書館法（以下「図書館法（日本）」と表記する）は公立図書館と私立図書館のみが対象だが、韓国の「図書館法」は国公私立の全ての設立機関を対象とし、５館種を対象とする包括的な法律である。図書館法第４条第１項では「設置運営主体による区分」を定めており、設立機関ごとに３つに区分される。（表２）

図書館法第４条第２項では「目的・対象による区分」として図書館法の対象となる図書館を①公共図書館（「国立図書館」「小さな図書館」等も含む）、②大学図書館、③学校図書館、④専門図書館、⑤特殊図書館（病院図書館・兵営図書館・矯正施設図書館など）の５つの区分で規定をしている。（表 3）

表２　設置運営主体による図書館の区分

名称	概要	図書館の例
国立図書館	国家が設置・運営	国立中央図書館
公立図書館	自治体や教育庁が設置・運営	釜山広域市立図書館
私立図書館	法人・団体・個人が設立・運営	北斗七星図書館

写真１　釜山広域市にある「北斗七星図書館」
立身出世した企業人の寄付によって設立された私立図書館。誰でも自由に利用できる。

5.3.2　図書館関連法規

日本では図書館法・学校図書館法はそれぞれ独立しているが、韓国では「図書館法」が多種の館種を包括する。「図書館法」に基づき「図書館法施行令」、「小さな図書館振興法」、「学校図書館振興法」、「大学図書館振興法」など各館種の法令が規定されており、体系的な制度になっている。公共系図書館は文化体育観光部、教育系図書館は

表３　目的・対象による図書館の区分

名称	概要
公共図書館	公衆の情報利用・読書活動・文化活動及び生涯学習を主な目的とする。 ※小さな図書館 ※児童・高齢者・障害者・多文化家族を対象とする図書館も含む
大学図書館	大学や大学院大学等において、教員と学生及び職員に図書館サービスの提供を主な目的とする。
学校図書館	小学校・中学校・高校等において、教員と学生及び職員に図書館サービスの提供を主な目的とする。
専門図書館	法人・団体・個人が、所属員や一般公衆に対して、特定分野の専門的図書館サービスの提供を主な目的とする。
特殊図書館	特殊な環境に置かれた人々に図書館サービスを提供する。 ※病院図書館　※兵営図書館　※矯正施設図書館　など

教育部が所管となっている。

5.3.3　図書館法の概要

図書館法（日本）は全 29 条から構成されるが、韓国の図書館法は全 55 条から構成される。

第１条では図書館の目的として「国民の知る権利の保障」と「国家及び社会の文化発展に寄与する」を挙げている。

第２条では基本理念として「国民の自由で平等なアクセスと利用のために図書館の公共性と公益性を保障すること」と規定しており、日本の図書館法に比べ図書館の使命をより理念的に謳う内容となっている。

図書館法の特徴的な項目については（表 4）に示すが、第 11 〜 18 条で規定される「図書館発展総合計画」は大統領直属の国家図書館委員会を設置して策定すると定めており、韓国では図書館政策は重要な政策として位置付けられている。

図書館の専門職である「司書」についても、第 34 条第１項では「公立公共図書館の館長は司書職として任命する。」とあり館長は司書資格が必須となっている。職員についても第 45 条第１項で図書館には司書の配置を必須としている。

また「司書」は独占名称資格である。有資格者以外はその名称を名乗ることが認められていない資格であり、社会的なステータスの高い資格となっている。(表 5)

一方で、図書館法（日本）の第 13 条では、館長は必置となっているが司書資格は必須ではない。そのため日本の公共図書館の館長の司書資格率は約 25% 程度に過ぎない。司書の配置についても同じく 13 条で「必要と認める専門的職員（中略）を置く。」とあり司書の配置は必須ではなく、必要でないと見なされれば配置がなされない。

表４　韓国の図書館法の特徴的な項目

図書館発展総合計画の制定（第 11 ～ 18 条）
・政府は図書館政策を制定する大統領直属の国家図書館委員会を置く。
納本制度 国立中央図書館（第 22 ～ 23 条）
・出版後 30 日以内に納本をする。　・日本同様に補償金は支払われる。 ・電子書籍は電子データで納品。
「図書館」の名称規定（第 29 条 第 3 項）
・国立・公立公共図書館は、「図書館」という名称使用しなければならない。
公共図書館の設置には登録申請が必要（第 36 条）
・国立公共図書館は文化体育観光部長官、公立公共図書館は管轄の首長または教育監（日本の教育委員会委員長に相当）に登録申請をしなければならない。
公共図書館で利用料も徴収できる（第 38 条）
・実際には有料で利用料を徴収している公共図書館は皆無。

表５　韓国の図書館法における司書の規定

司書（第 43 条第 1 項）
・文化体育観光部長官は、図書館及び文献情報に関する学歴及び経歴を有する者に司書の資格証を発行し、これを管理しなければならない。 ・虚偽や不正な取得方法の場合には司書資格が取消される。（第 44 条）
司書の必置義務（第 45 条第 1 項）
・図書館は図書館の運営に必要な司書を置かなければならない。 ・他に図書館の運営に必要な電算職員などの専門職員を置くことができる。
「図書館」の名称規定（第 29 条 第 3 項）
・国立・公立公共図書館は、「図書館」という名称使用しなければならない。
館長の司書資格が必須（第 34 条 第 1 項）
・公立公共図書館の館長は司書職として任命する。
類似名称の禁止（第 52 条）
・この法律で規定する司書以外は、司書と類似した名称を使用することができない。

5.4　司書資格制度

韓国の教育制度や大学等の高等教育機関の状況を確認した上で、日本と韓国の司書資格制度を比較する。

5.4.1　韓国の教育制度

韓国の教育制度は小学校【初等学校】６年、中学校３年、高等学校３年、大学【大学校】４年の６- ３- ３- ４制で日本と同じである。（【　】が韓国での正式表記となるが、本稿では理解しやすいように日本と同じ表記を使用して小学校・大学と表記する。）

学期は日本と異なり３月から始まる。２学期制で、第１学期は３月～８月、第２学期は９月～２月である。就学年齢は日本と同じ６歳からであるが、１月１日～ 12 月 31 日が同学年として翌年３月に入学をする点は日本と異なっている。

5.4.2　日本と韓国の高等教育機関の状況

2023 年度では日本には大学が 810 校、短期大学 303 校が設置されている。４年制大学（医・薬学部６年制を含む）の進学率は 57.7% である。そのうち司書課程を設置している大学は 152 大学(全大学の 18.8%)、短期大学は 41 大学（全短大の 13.5%）である。

韓国では 200 校の大学と 133 校の短期大学（専門大学という名称で呼ばれる）が設置されている。４年制大学（建築学部５年制・医・薬学部６年制を含む）の進学率が 74.9% と日本よりも高い進学率となっている。一方で大学受験の過熱化は社会問題にもなっている。

5.4.3　日本の司書資格制度

先にも述べたが、図書館法（日本）で規定する司書資格は公立図書館のみ有効の資格である。司書資格は「司書」と「司書補」の2区分となっており､｢司書｣の資格取得方法は(表６)に示したように、①大学・短大で司書課程を受講して卒業する。②大卒・短大卒で司書講習を受講する（在学中も受講可)。③司書補取得後に3年の勤務経歴を経て司書講習を受講する。の3つが主なものである。実際には①の在学中に学部学科の科目に加えて司書課程を受講し資格を取得するケースが大半である。司書補は高卒以上の学歴が必要であり、司書補講習を受講しなければならないが、2024年度では司書補講習が開講さているのは3大学のみで総定員も150名であり、非常に少ない人数の養成となっている。

表６　日本の司書資格制度

資格名	主な取得方法
司書	① 大学・短大で司書課程を受講して卒業
	② 大卒・短大卒で司書講習を受講（在学中も可）
	③ 司書補取得後に3年の勤務経験後、司書講習を受講
司書補	高卒で司書補講習を受講

5.4.4　韓国の司書資格制度

韓国では図書館法第43条および図書館法施行令第32条に基づき、取得学位や専門性に応じて（表７）に示したように「1級正司書」「2級正司書」「准司書」の3つに区分される。

4年制大学の文献情報学科に入学して2級正司書を目指すのが一般的である。韓国では図書館情報学は文献情報学と呼ばれており記録管理・アーカイブなども含む学問領域である。文献情報学科を有する4年制大学は全国で33大学あり学科定員は50～60名程度が

表７　韓国の司書資格制度

資格名	主な取得方法
１級正司書	①大学院で文献情報学または図書館学等の博士号を取得
２級正司書	①大学で文献情報学または図書館学を専攻して卒業 ※複数学位制度（ダブルディグリー）で文献情報学の学位取得者を含む ※専門大学（短期大学）は除く ②大学院で文献情報学や図書館学の修士号を取得
准司書	①専門大学【短期大学】で文献情報科または図書館学科を卒業
	②大学を卒業した者で、在学中に文献情報学又は図書館学を副専攻とした者

多い。文献情報学科で専門的に学び、130 単位程度を取得し卒業することで資格が得られる。

また近年では在学中に複数学位制度（ダブル・ディグリー）を導入し、卒業時に２つの学位を同時取得できる大学が多い。韓国では大学受験と同じくらい就職試験が厳しいため、文献情報学科の学生であれば文献情報学の学位に加えてマーケティングや情報システムや生涯学習の学位も取得し、マーケティングに強い司書、情報システムに強い司書といったようにより専門性の高い司書として就職時に差別化を図ることが多い。逆に経営学部や情報システム学部の学生が文献情報学を複数学位制度（ダブル・ディグリー）で選択して卒業時に司書資格を取得するケースもある。

２年制専門大学（短期大学）の文献情報学科は全国で７大学しかない。４年制大学で「副専攻（学位は取得できない）」で文献情報学科のいくつかの科目を受講すれば准司書の資格を得られるが、複数学位制度（ダブル・ディグリー）の方が人気があり、副専攻で准司書を目指す受講生は少ない。

１級正司書は文献情報学または図書館学等の博士号が必要であり非常に専門性が高い資格要件となっている。

韓国図書館協会が文化体育観光部から委嘱され司書の資格証発給を行っており、取得者の公式統計が公表されている。（表８）に示したように2023年には博士号が必要な１級正司書が145名も誕生している。日本では図書館情報学関係の博士号の取得者は年間数名程度であり大きな差がある。２級正司書は毎年2,500名程度であり若干であるが増加傾向にある。一方で准司書は年500名程度で減少傾向が続いている。

表８　2023年の司書資格取得者数

１級正司書	２級正司書	准司書
145名	2,466名	490名

5.5　韓国の公共図書館の現状

5.5.1　韓国の地方教育行政組織

韓国の地方教育行政であるが、日本の都道府県に相当する９つの「道（例：京畿道・忠清南道など）」および政令指定都市に相当する８つの「特別市・広域市（例：ソウル特別市・釜山広域市など）」に合計17の教育庁が設置されており、日本の都道府県や政令指定都市の教育委員会に相当する。道の下位には日本の市町村に相当する市・郡があり、176の教育支援庁が設置されている。しかし、これらの教育支援庁は道・特別市・広域市の教育庁の出先機関であり市・郡は独自の教育行政機関を持たないのが日本との大きな違いである。そのため韓国の公立図書館は「教育庁」が設置する図書館と、道・市などの「地方自治体」が設置する図書館が混在している。

5.5.2　公共図書館の館数

2023年の統計では（表９）で示したように韓国の公共図書館数

は1,271館である。内訳は各教育庁設置が235館、地方自治体設置が1,008館、私立が28館となっている。人口比で比べても日本よりも公共図書館数は少ないが、韓国では法的根拠を持つ「小さな図書館」が全国で6,875館も設置されており、きめ細かやかな図書館サービスが展開されている。

公共図書館として扱われる「小さな図書館」は、図書館法第４条第２項第１号で「住民参加と自治に基づいて地域社会の生活と図書館文化の向上を主な目的とする。」と定義され、小さな図書館振興法第２条では「国民の知識情報へのアクセス性を高め、生活に密接した図書館文化の向上に寄与」を目的として設置されると規定され、生活圏内の身近な読書・情報施設となっている。

図書館法施行令では（表10）で示したように、公共図書館および小さな図書館の面積・蔵書数・司書数・新規収集冊数などの水準や条件が課せられており、図書館としての最低基準が数値で具体的に示されている。一方、日本の場合は文部科学省令「図書館の設置および運営上の望ましい基準」では具体的な数値基準はないため、各地方自治体の裁量に委ねられることが多く、図書館の量的な水準の担保が難しい状況にある。

表９　日本と韓国の公共図書館の現状（2023年）

	日本	韓国
総人口	12,398万人	5,177万人
公共図書館	3,372館	1,271館
小さな図書館	ー	6,875館
公民館図書室（参考）	4,538館	ー

表 10　図書館法施行令　図書館の登録要件

	公共図書館	小さな図書館
面積	330 ㎡以上（私立は 264 ㎡以上）	33 ㎡以上
蔵書数	・人口 2 万人未満　1 万点以上 ・人口 2 ～ 5 万人　2 万点以上 ・人口 5 万人以上　5 万点以上	1,000 点以上
司書数	4 人以上必置 （規模に応じて増員する規定も有り）	1 人以上必置 （私立は必置無）
新規収集冊数	・人口 2 万人未満　毎年 1,000 点以上 ・人口 2 ～ 5 万人　毎年 1,500 点以上 ・人口 5 万人以上　毎年 3,000 点以上	規定無

5.5.3　公共図書館職員

韓国の公共図書館の職員数は（表 11）で示したように、2023 年で 19,026 人である。正規職員の割合は 57% と 6 割近くを占めている。正規職員の司書は 5,896 人と全体比率の 30.1% を占めている。一方、日本の公共図書館の正規職員の比率は約 22% であり、正規職員の司書はわずか 11.6% しかいない。

韓国では正規職員自体の比率が高く、正規職員の司書職の割合も高い。非正規職員は全体の 43% を占めるが非正規職員の司書職は全体では 10.9% にしか過ぎない。一方で日本では会計年度任用職員や民間委託の非正規職員は全職員の約 75% を占める。非正規職員の有資格率は 60% を超えており、日本では非正規職員が図書館の専門的業務を担っている。

韓国では司書職は正規職員として専門的業務を担い、非正規職員は行政職として補助業務を行うことが多く、日本の公共図書館の雇用形態・職種と大きく異なっている。これは、法令で司書の配置が義務付けられていることや、司書の資格の難易度が高く専門職として司書が社会的に認められていることが背景にある。

男女比についても、日本では女性職員の比率は 78.1% だが、韓国

表 11 韓国の公共図書館の職員の内訳

雇用形態・職種		人数	割合
正規職員	司書職	5,896 人	30.1%
	行政職	4,929 人	25.9%
	正規職員合計	10,825 人	57.0%
非正規職員	司書職	2,080 人	10.9%
	行政職	6,121 人	32.1%
	非正規職員合計	8,201 人	43.0%
総合計	司書職	7,969 人	41.9%
	行政職	11,057 人	58.1%
	職員総合計	19,026 人	100.0%

でも（表 12）で示したように女性職員の比率は 73.1% と女性が多い。韓国では特に司書職は正規職員・非正規職員共に女性比率が 80% を超えている。また、正規職員の行政職も女性比率が男性よりも高く、公共図書館は女性が活躍している職場といえる。

5.5.4　民間委託

日本では公共図書館の包括的な管理・運営を民間企業等に任せる指定管理者制度が導入され、全国の公共図書館の約 20% 程度が指定管理者制度によって管理運営されている。

韓国でも公共図書館の委託が可能となっており、全国で 21.2% の公共図書館が民間委託となっているが地域差が大きい。例えばソウル特別市では 200 館の公立図書館のうち 174 館（約 87%）が民間委託となっている一方で、釜山広域市は公立図書館が 49 館あるが民間委託は 1 館もない。

日本の公共図書館の指定管理者は民間の営利企業が大半を占めるが、韓国では文化財団・施設公団・学校法人・社会福祉法人などの公益団体のみ受託が可能であるところも大きく異なっている。

表 12 韓国の公共図書館職員の男女比

	男性職員数	女性職員数	女性比
正規職員　司書職	1,090 人	4,806 人	81.5%
正規職員　行政職	2,162 人	2,767 人	56.1%
非正規職員　司書職	265 人	1,815 人	87.1%
非正規職員　行政職	1,599 人	4,522 人	73.5%
全職員	5,116 人	13,910 人	73.1%

日本の指定管理者で運営される図書館職員の大半は契約社員等の非正規職員が占めているが、韓国の場合では民間委託であっても職員は司書資格を持つ正規職員の割合が非常に高いのも特徴的である。例として 2023 年のソウル特別市の全公共図書館の職員雇用形態を（表 13）で示す。先ほど述べたようにソウル特別市は民間委託が 90% 近くを占めているが、正規職員の割合は 60%を占めており、司書資格を持つ正規職員の割合も 44.2%に達する。民間委託であっても正規職員として安定した雇用条件で働くことができている。

表 13　ソウル特別市内の公共図書館の職員の構成

職員	職員数	割合
正規職員　司書職	1,447 人	44.2%
正規職員　行政職	520 人	15.8%
非正規職員 司書職	522 人	15.9%
非正規職員 行政職	792 人	24.1%
職員合計	3,281 人	100.0%

5.6　韓国の図書館制度のまとめ

韓国の図書館について概観してきたが、日本と異なり図書館制度が整備されていることがわかる。日本の図書館制度と大きく異なる点は以下の事柄である。

図書館法がすべての館種を包括しており、司書資格も全ての館種で有効であるため間口が広い。司書資格の養成も文献情報学科を専攻することが前提となっており、資格の難易度が高く社会的地位も確立されている。また複数学位制度（ダブル・ディグリー）で文献情報学以外の分野の学士号を同時取得することができたり、１級正司書は博士号が要件になるなど専門特性の高いサブジェクトライブラリアンが養成されている。図書館法や図書館法施行令で司書の配置が義務付けられているため、司書資格を持った学生の就職口がきちんと確保されている。事務職と異なり、専門職として司書の業務を行う体制が整備されており、正規職員として雇用することが一般的となっている。民間委託の場合であっても司書職は正規職員として雇用されている。

日本も全館種で有効な司書資格の対象拡張、資格養成課程の水準の抜本的な見直し、数値基準を伴う司書職必置の法制化による就職先の確保など、韓国の図書館制度を参考にして、さらなる図書館の振興を進めていくための検討が必要であろう。

5.7　釜山こども複合文化空間〜トゥラッナッラ〜

釜山広域市では2021年9月に「こども複合文化空間造成基本計画」を制定し、2022年から「トゥラッナッラ」（日本語では「出たり入ったり」という意味がある）という名称で、幼児・児童を対象としたアナログとデジタルを融合した新しいコンセプトの遊戯学習空間を整備している。（写真2）

人口が約330万人の釜山広域市でこども達の生活圏である徒歩

写真２　釜山市役所１階に併設されている「トゥラッナッラ」

15分圏内に網の目のように「トゥラッナッラ」を整備するため、急ピッチで整備が進んでいる。2024年10月時点で66か所が開館、104か所で造成・計画中である。新築だけでなく、既存の区役所・生涯学習施設・児童館・公共図書館・小さな図書館等を改装する場合もある。

5.7.1 「トゥラッナッラ」のコンセプト

「トゥラッナッラ」は、こども達が遊びながら親和力・想像力・創造力を育むことができるように、児童図書館、VR（仮想現実）やAR（拡張現実）の実感体験型コンテンツ、メディアアート展示、英語教育などの様々なアナログとデジタルのコンテンツを融合した複合文化施設であり、（表14）に示した４つのコンセプトが掲げられている。「本を見る？読む？」で挙げられているように読書や図書館も重要な要素の１つとなっており、冊子体の図書だけでなく様々なコンテンツが提供されている。

5.7.2 「トゥラッナッラ」で展開されるコンテンツ

「トゥラッナッラ」で展開されているコンテンツについて紹介する。

表14「トゥラッナッラ」の4つのコンセプト

1、様々な体験ができる	
・受動的でなく能動的な体験型施設	・こどもが自ら創作する体験空間
2. 家族で一緒に過ごせる	
・こどもと保護者が一緒に楽しめる	・家族単位のコミュニティ空間を提供
3. 本を見る?読む?	
・児童書や電子書籍やAR図書など多様な形態が揃う図書館	
4. 楽しく遊びながら学ぶ教育	
・講師がネイティブスピーカーの英語教育	・無料で利用できる英語学習コンテンツ

①読み聞かせロボット「ルカ」

「ルカ」はフクロウ型の読み聞かせロボットである。目の部分がカメラになっており、専用の絵本を読み込ませるとページ毎に絵本を読み上げてくれる。（写真3）

② AR（拡張現実）絵本

AR専用絵本の表紙をAR用ディスプレイに読み込ませて利用する。絵本のページをめくるごとに、それに連動してディスプレイの動画が読み上げや解説を行う。「読む」だけではなく「見て」も楽しめる絵本となっている。（写真4）

写真3　読み聞かせロボット　「ルカ」

写真4　AR絵本

写真５　英語コンテンツ
AI Peng Talk

写真６　コーディングテーブルとロボット

③英語学習コンテンツ（EBS で遊ぼう）

EBS（韓国教育放送公社）が開発した英語学習者アプリ AI Peng Talk をタブレット端末で提供している。ゲームを楽しむように英語学習ができるコンテンツとなっている。(写真 5)

④ロボットコーディングテーブル

テーブルに表示されたプログラミング画面をタッチしてコーディングを行い、ロボットを自由に動かして遊ぶことができる。プログラミング体験ができるコンテンツである。(写真 6)

⑤実感型壁面タッチゲーム

部屋の壁面 3 面が全画面になっており、壁面をタッチすることで体を動かしながらゲームを楽しむことができる。約 25 種のゲームコンテンツがあり複数で遊ぶこともできる。(写真 7)

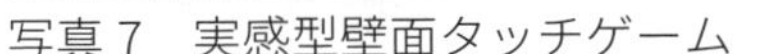
写真７　実感型壁面タッチゲーム

写真８　VR 体験型ストーリーテリング

⑥ VR（仮想現実）体験型ストーリーテリング

VR コンテンツに動画カメラで参加者を取り込み、ディスプレイ上で主人公と一緒に物語に参加する読書プログラムである。（写真8）は筆者が「ピノキオ」の VR 体験型ストーリーテリングに参加してピノキオと一緒にトランポリンを楽しんでいるところである。

⑦　案内ロボット

タッチパネルで尋ねたいことを選択すると職員に代わって利用案内をしてくれたり、コミュニケーションをとることもできる。（写真9）

写真９　案内ロボット

⑧イマーシブ・メディア・アート

子ども達が描いた恐竜のぬり絵をスキャンすると、そのぬり絵の恐竜が３Ｄになってディスプレイを歩きまわり、アナログとデジタルの融合を実感できるようになっている。(写真 10)

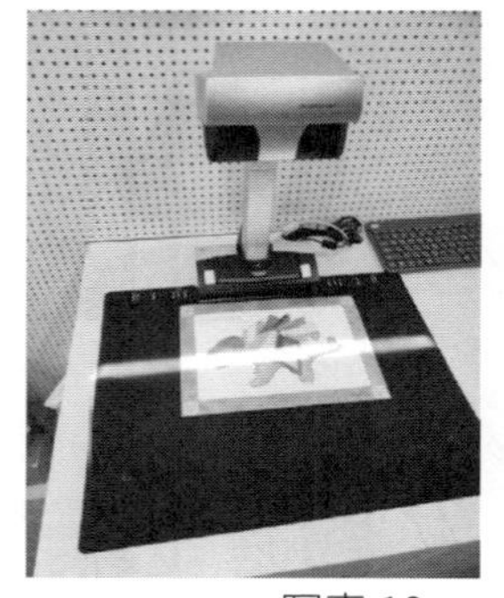

写真 10　イマーシブ・メディア・アート

⑨英語教室

韓国は年少児からの英語教育が盛んであるが、一方で教育費が多大になり保護者の負担が大きいことも社会問題となっている。こうした教育格差の解消の一環としてネイティブによる英語教室のプログラムが無料で開講されている。(写真 11)

写真 11　英語教室

5.7.3　未来の図書館を考える

トゥラッツナッツラでは、従来のアナログの図書に加えてVR図書などのデジタル書籍も充実しておりハイブリッド図書館として機能している。さらに図書館の機能を保持しながら子育て・社会福祉・生涯学習の施設としての機能も果たし、図書館の従来の役割から拡張していることがわかる。

これからの未来の図書館も「情報の収集と提供」という図書館の基本的な機能を果たしつつ、他の公共施設の機能も包容し、人々が集まる場所へ進化（深化）していくと考えられる。そのためには従来の図書館の枠からの脱却も不可欠である。例えば、司書養成も従来の図書館情報学の知識に留まらず、ファシリテーター・コーディネーター・広報的な役割や高度なデジタルスキル、サブジェクトライブラリアンとしての様々な専門性が求められることになっていくであろう。こうした時代の要請に応えられるような司書養成課程のカリキュラムの抜本的な改正や、専門性の高いサービス提供を行う司書を正職員として必置することなどを含めた図書館法制度の改正も必要となってくるであろう。

時代とともに図書館が発展してきたように、司書も求められる資質や能力も時代とともに変わっていく。その変化に柔軟に対応できるような制度設計の検討が必要であろう。

【参考文献】

韓国法務部「図書館法（도서관법）」（韓国語）https://www.law.go.kr/%EB%B2%95%EB%A0%B9/%EB%8F%84%EC%84%9C%EA%B4%80%EB%B2%95
韓国文化体育観光部「国家図書館統計システム（국가도서관통계시스템）」（韓国語） https://www.libsta.go.kr/
韓国文化体育観光部「国家図書館統計システム（국가도서관통계시스템）

『2023 公共図書館統計調査結果表』」（韓国語） https://libsta.go.kr/board/statref/detail/10721
韓国図書館協会（韓国語）https://www.kla.kr/kla/
韓国図書館協会「司書証明書（사서자격증）」（韓国語）https://www.liblicense.kr/main.do
釜山こども複合文化空間「トゥラッナッラ」（부산어린이복합문화공간 들락날락）（韓国語）https://www.busan.go.kr/bschild/index.nm?menuCd=1

第６章

「誰一人取り残さない」図書館の実現を目指して～共生社会の図書館

野口武悟（専修大学）

6.1 はじめに

「本離れ」や「読書離れ」という言葉が聞かれるようになって久しい。しばしば、1か月に1冊も本を読まない人の割合である「不読率」が引き合いに出される。図1は、全国学校図書館協議会が2024年11月に公表した過去31年分の子どもの「不読率」の推移である。子どもが「本を読まなくなった」とよく言われるが、図1から明らかなように、小学生や中学生の「不読率」は1990年代に比べれば大きく改善傾向が見て取れる。一方で高校生のそれは4～5割台の高止まり傾向が続く。

文化庁でも、16歳以上を対象とした「国語に関する世論調査」において定期的に「不読率」を調べている。2024年9月に公表した令和5年度の結果によると、電子書籍を含めた「不読率」は62.6%だった。つまり、「本離れ」や「読書離れ」は子どもよりも、高校生以上の年齢層のほうがはるかに深刻なのである。人口の大部分、別の言い方をすれば、読者であるべき人々の半分以上が「不読」

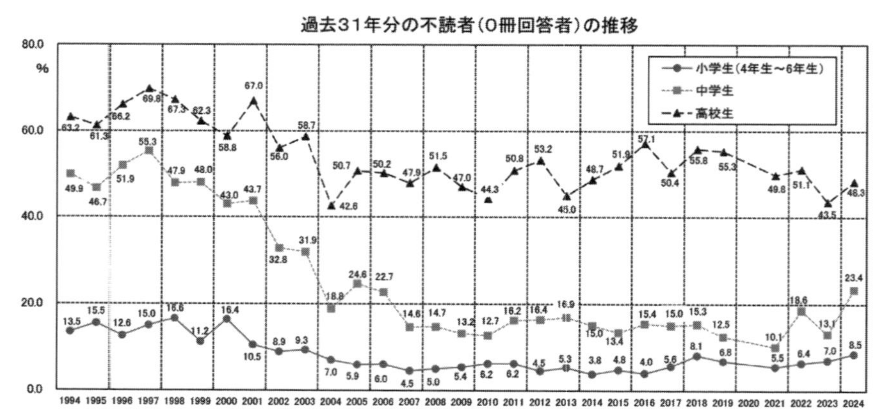

（出典：全国学校図書館協議会ウェブサイト）

図1　子どもの「不読率」の推移

なわけだから、本は売れないし、図書館の利用者も限定されてしまうのは当然ともいえる。「何とかしなければ」というのは、出版、書店、図書館それぞれの関係者の共通の思いであるが、今のところ（2025 年時点）は「これだ！」と思える効果的なアプローチが見いだせているとは言い難い状況にある。

文化庁の先の調査では、興味深い点を明らかにしている。読書量が減っている理由（複数回答）をたずねているのだ。その結果、最も多かった答えはスマホの操作などの「情報機器で時間が取られる」の 43.8%、次いで「仕事や勉強が忙しくて読む時間がない」の 38.9%だった。これらの理由は、予想通りともいえるもので、特に驚きはない。注目したいのは、3 番目に多かった答えである。それは、「視力などの健康上の理由」の 31.2%である。「不読」の人のなかには、「読みたくない」ではなくて、読書にバリア（障壁）を感じていて「読みたくても読めない」人が 3 割もいるということになる。

考えてみれば、障害者に限らず、誰しも年齢とともに視力や認知機能の低下は起こるし、言語の違いなどで読みづらさを感じる人などもいる。にもかかわらず、不思議なことに、これまでの「不読」をめぐる議論においては、現在の読書文化や環境のバリアに直面して、「読みたくても読めない」人たちの存在はほとんどクローズアップされてこなかった。これ自体もバリアといえるのかもしれない。

6.2 超高齢社会と図書館

6.2.1 脱却急がれる“読書バリアフリーは障害者のため”という固定観念

読書のバリアを軽減ないし取り除こうとする読書バリアフリーは、これまで障害者を意識して進められてきた。それは当然のことである。障害者の多くは、自らの読書スタイルにあった本（点字図書、音声図書など）が入手しづらい「本の飢餓」の状態にあり、読書のバリアに直面しているので、障害者を意識した取組みが必要であることはいうまでもない。一方で、障害者は人口の約7.6%であり、マイノリティへの取組みと思われてきたのも事実である。そのため、取組むべき優先順位が低くなりがちで、熱心な出版社や図書館は一部にとどまってきた。その実態はいまも劇的に改善されたわけではない。

例えば、公立図書館の現状を全国公共図書館協議会が実施した全国調査（2021年度）の結果から見ると、読書バリアフリーに関する予算がない（0円）という市区町村立図書館は実に6割近い（図2）。読書バリアフリーの担当職員が兼任（兼担）を含めてもいない（0人）という市区町村立図書館が3割、勤務する職員が読書バリアフリーに関する研修を受講した実績のない市区町村立図書館も5割近かった。公立図書館の職員が捉える読書バリアフリーを進めるうえでの課題でも、前述したような点が多くなっている（図3）。

とはいえ、「障害者差別解消法」（障害を理由とする差別の解消の推進に関する法律）（2013年公布、2016年施行）や「読書バリアフリー法」（視覚障害者等の読書環境の整備の推進に関する法律）（2019年公布・施行）によって、ようやく出版界や図書館界の意識が変わり始めようとしているのが現在（2025年）である。障害当事者である作家の市川沙央さんが「目が見えること、本が持てること、ページがめくれること、読書姿勢が保てること、書店へ自由に買いに行けること」という健常性を満たすことを強いる読書文化の問題点を鋭く描き出した『ハンチバック』で第169回芥川龍之介賞（2023年7月）を受賞したことで、読書バリアフリーに関する市民の関心も高まってきたように感じる。

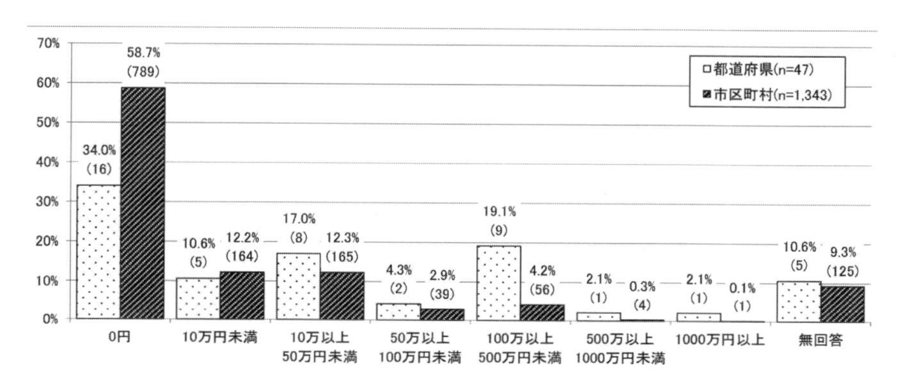

図２　公立図書館における読書バリアフリーに係る予算

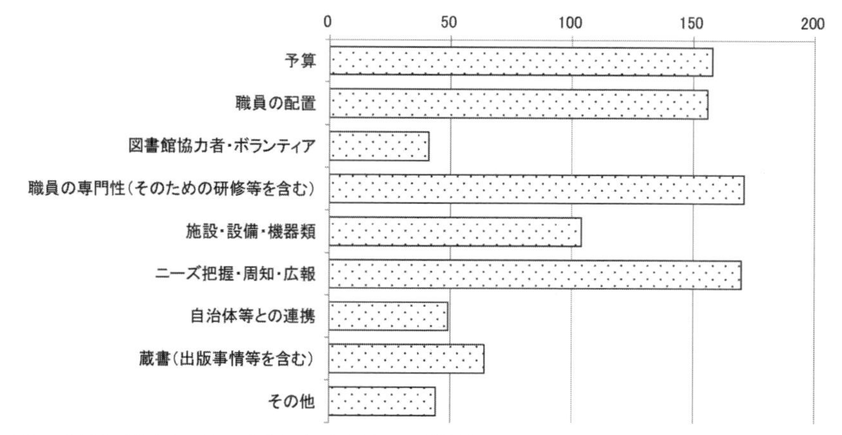

図３　読書バリアフリーを進めるうえでの課題

それでも、“読書バリアフリー＝障害者のための対応”という固定的な観念はいまだ根強い。すでに述べたように、「視力などの健康上の理由」で読書から遠ざかってしまう人は少なくない。年齢とともに、誰しもが視力の低下などの読みづらさに直面する可能性がある。障害者はもちろんだが、高齢者を含むすべての人々も意識して、読書バリアフリーを推進する必要がある。

6.2.2　高齢化率4割の2050年に図書館はどう向き合うのか

2024年現在、日本の全人口に占める高齢者（65歳以上の人）の割合（高齢化率）は世界最高の29.3％である。日本の高齢者人口は、ここ30年ほどで急激に増加し、今後もその傾向は続くものと予測されている（図4）。今後の予測では、2050年には4割に迫る勢いである。WHO（世界保健機関）の分類によると、「高齢化社会」とは人口に占める高齢者の割合が7％を超えた状態を指すと定義している。この割合が14％を超えると「高齢社会」といい、21％を超えると「超高齢社会」となる。この分類に当てはめると、日本はすでに「超高齢社会」に到達していることになる。読書環境をバリアフリー化しないまま2050年を迎えると、4割近い人たち（高齢者）に利用してもらえない（利用したくてもできない）図書館になってしまう恐れもある。いまから先を見据えた取組みが必要なことは言うまでもない。

高齢化の進展とともに、認知症の人が増加傾向にあり、この傾向は今後も変わらないと予測されている（図5）。高齢者における認知症の有病率は、現在のところ17％～20％程度と推計される。認知症の可能性のある人まで含めるとその割合はもっと高くなるだろう。読書環境や図書館サービスのバリアフリー化にあたっては、認知症になっても安心して利用できる図書館づくりという視点を含めることは必須であるし、急務である。なお、認知症は高齢者だけが罹患すると思われがちだが、65歳未満で認知症になる人もいる（若年性認知症）。認知症の人は高齢者だけではないことも忘れてはならない。

2024年1月には、「共生社会の実現を推進するための認知症基本法」が施行された。全部で37条から成るこの法律は、「認知症の人

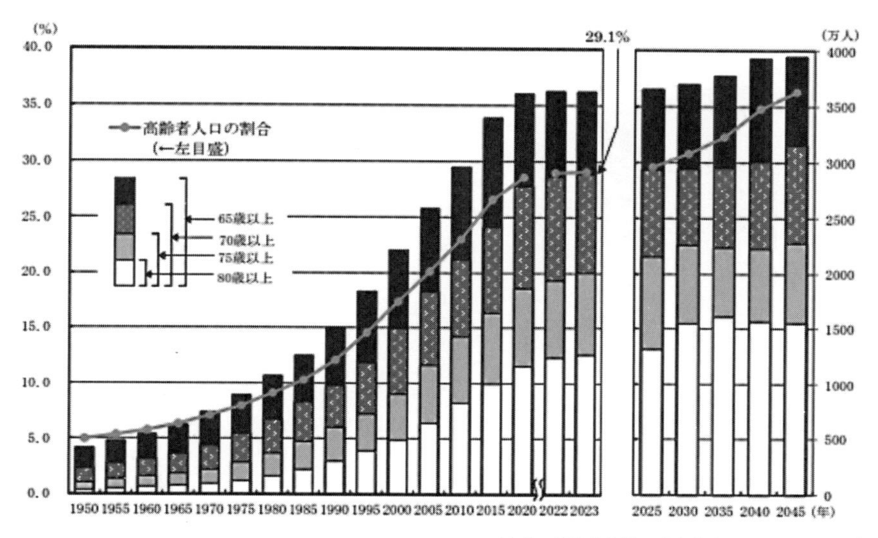

（出典：総務省統計局「高齢者の人口」，2023 年）

図 4　高齢者人口の推移と今後の予測

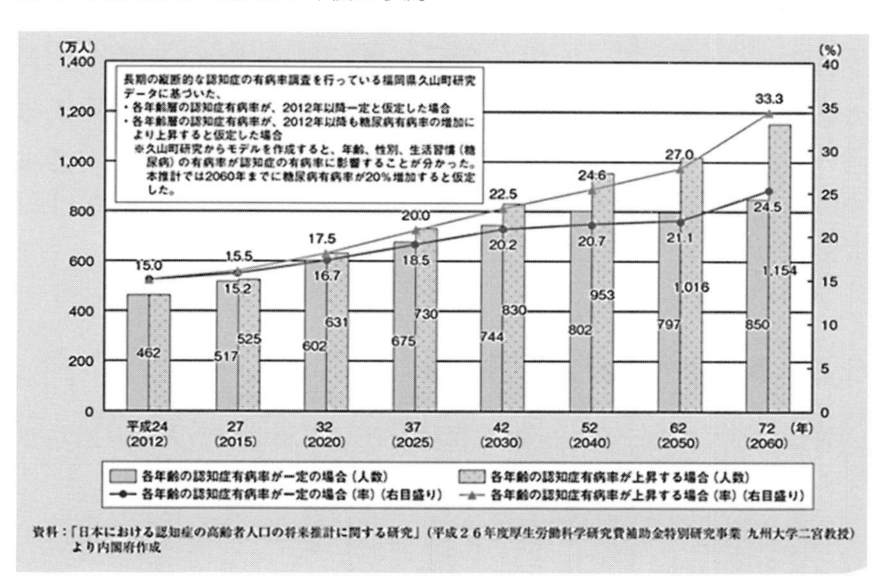

（出典：内閣府「平成 29 年版高齢社会白書（概要版）」，2017 年）

図 5　認知症の人数・割合の推移と今後の予測

図6 『認知症バリアフリー社会実現のための手引き（図書館編）』

を含めた国民一人一人がその個性と能力を十分に発揮し、相互に人格と個性を尊重しつつ支え合いながら共生する活力ある社会の実現を推進すること」を目的としている。認知症の人への対応というと、医療、介護、福祉の分野だけが取り組むことのように思われがちだが、この法律の基本理念には、「教育、地域づくり、雇用、保健、医療、福祉その他の各関連分野における総合的な取組として行われること」と明示された。ここに「教育」が含まれていることの意味は大きい。社会教育の重要な施設の一つである図書館として、どのような取組みを進めていくのかがいままさに問われている。その際、日本図書館協会認知症バリアフリー図書館特別検討チーム参画のもとに日本認知症官民協議会が2023年3月に発行した『認知症バリアフリー社会実現のための手引き（図書館編）』（図6）は、取組みの方向性を示しており、参考になるだろう。

6.3　多文化共生社会と図書館

読書のバリアは、第一言語（母語）が日本語でない人も直面しやすい。外国にルーツのある人たちなどである。

コロナ禍後、訪日外国人観光客数は順調に回復し、2024年には過去最高を記録した。この傾向は今後も続くものと思われる。観光地の図書館のなかには、外国人観光客の来館を想定して、多言語の

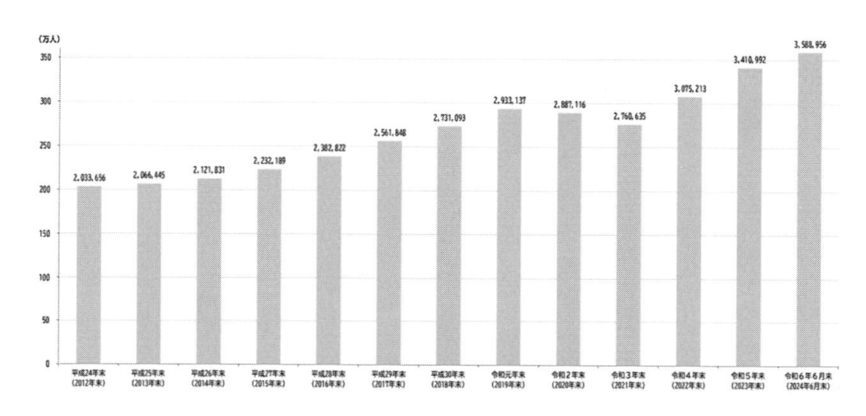

（出典：法務省出入国在留管理庁「令和６年６月末現在における在留外国人数について」）

図７　在留外国人の推移

観光案内リーフレットなどを館内に用意しているところもある。

こうしたインバウンドの増加と同時に、日本に住む外国にルーツのある人（在留外国人）も増加傾向にあり、2024 年６月末時点で過去最高の約 360 万人となった（図７）。今後も、増加傾向は続くだろう。国・地域別に見ると、図８の通りである。多い順に中国、ベトナム、韓国、フィリピン、ブラジル（第一言語はポルトガル語）などとなっている。

では、図書館は、こうした在留外国人の読書や情報のニーズに応えられているのだろうか。在留外国人のなかには日本語での読書にバリアを感じない人もいる。しかし、在留外国人全体からすれば、日本語での読書にバリアを感じる人のほうが多い。日本語を学習中の人や日本語での読書があまり得意でない人には「やさしい日本語」で書かれた図書やネットワーク情報源の提供が必要だし、日本語がまったく読めない人には第一言語（母語）で書かれた図書や情報源の提供が欠かせない。

こうした図書・情報源の提供を含めて外国にルーツのある人への

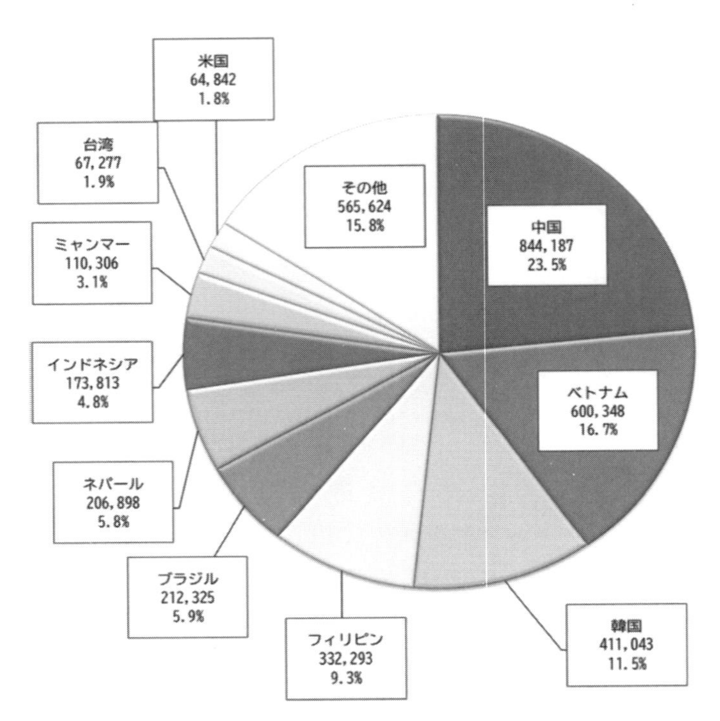

（出典：法務省出入国在留管理庁「令和6年6月末現在における在留外国人数について」）

図8　在留外国人の国・地域別構成（2024年6月末時点）

図書館サービスを「多文化サービス」と呼ぶ。しかし、多文化サービスに熱心に取組む図書館もまだ一部に限られているのが現状である。少し古い調査にはなるが、日本図書館協会多文化サービス委員会が2017年3月に公表した「多文化サービス実態調査2015」の結果を見ると、外国語資料担当の職員がいる公立図書館は2割、外国語で対応可能な職員がいる公立図書館は4割だった。外国語図書（一般）の所蔵状況では、「英語」の図書を所蔵する公立図書館は7割を超えたものの、2番目に所蔵率が高かった「中国語」の図書でも2割を少し超えた程度にとどまった。公立図書館が抱える多文化サービスの課題としては、「地域のニーズが不明」を挙げた図書館が7割を超えた。また、「職員の外国語対応能力が不足」も7割近く図書館が課題と答えていた。

「地域のニーズが不明」との課題に対しては、地域の在留外国人を対象に図書館自らが調査をするという方法もあろうが現実的とは言い難い。自治体の国際化担当部局や国際交流協会などと連携して情報交換や共有を図るほうが確実だし効率的である。しかし、先の調査結果によると、連携していない公立図書館が実に8割にものぼった。課題を乗り越えるための行動をとらなければ、いつまでも課題のまま残り続けるだけであり、多文化サービスは前進しない。

「職員の外国語対応能力が不足」や「英語」以外の外国語図書の所蔵が少ない課題については、ICT（情報通信技術）を活用して課題を乗り越えようとしている図書館もある。前者についてはカウンターに常備したタブレット端末に多言語同時通訳アプリを入れて活用している事例、後者については電子図書館で多言語の電子書籍コンテンツを提供している事例（図9）などがある。

6.4　改めて「図書館利用に障害のある人へのサービス」への注目

「IFLA-UNESCO 公共図書館宣言 2022」では、「公共図書館のサービスは、年齢、民族性、ジェンダー、宗教、国籍、言語、あるいは社会的身分やその他のいかなる特性を問わず、すべての人が平等に利用できるという原則に基づいて提供される。理由は何であれ、通常のサービスや資料の利用ができない人々、たとえば言語上の少数グループ（マイノリティ）、障害者、デジタル技能やコンピュータ技能が不足している人、識字能力の低い人、あるいは入院患者や受

（出典：はままつ電子図書館ウェブサイト）

図９　電子図書館での多言語電子書籍コンテンツの提供事例

刑者に対しては、特別なサービスと資料が提供されなければならない」としている。この宣言に掲げられた記述内容は、本章でここまで述べた読書バリアフリーや認知症バリアフリー、多文化サービスに深く関わるものである。これらの内容をすべての図書館が改めて確認し、しっかりと実践していきたい。

ところで、「IFLA-UNESCO 公共図書館宣言 2022」の記述内容を包括する用語として、日本では「障害者サービス」が用いられてきた。「障害者サービス」と聞くと、それこそ障害者のためのサービスのことだと思われがちだが、それだけにとどまらない。というのは、「障害者サービス」は「図書館利用に障害のある人へのサービス」の略称だからである。つまり、図書館側にあるバリアゆえに、読書や情報アクセスを含む図書館利用がしづらい人々へのサービスのことを指しているのである。

歴史的には、1970年代半ばごろまでは、「障害者サービス」は障害者（特に視覚障害者）へのサービスを意味していた。しかし、国際的なノーマライゼーション（日本ではその後「共生」と言われるようになる）の潮流とともに、1970年代後半以降、先に述べた「図書館利用に障害のある人へのサービス」という考え方が登場し、その略称として「障害者サービス」が用いられるようになっていった。したがって、今日でいうところの読書バリアフリーも、認知症バリアフリーも、多文化サービスも、「障害者サービス」にすべて包含されていたわけである。ところが、それぞれの取組みが深まりを持つようになると、1990年代後半以降、独立した分野ないし領域として発展し、現在に至っている。

今後も、読書バリアフリー、認知症バリアフリー、多文化サービスといった各々の取組みや実践の一層の充実は欠かせない。一方で、外国にルーツのある障害者など、各々の取組みや実践の谷間に取り残される人々を生むリスクがないとは言い切れない。したがって、多様な人々が共生する社会を支える図書館となるためには、これらを各々に推進するだけでなく、読書や情報アクセスを含む図書館利用から「誰一人取り残さない」ための取組みであり実践の共通基盤として、改めて「図書館利用に障害のある人へのサービス」＝「障害者サービス」という捉え方に注目することが必要ではないだろうか。そうすることで、「IFLA-UNESCO 公共図書館宣言 2022」に掲げられた内容をトータルにカバーした実践が進めやすくなる。

以上のことは、2050年の図書館の目指すところではない。2050年までにやっておくべきことである。2050年には、「図書館利用に障害のある人へのサービス」＝「障害者サービス」という用語が必要ないほどに、それらの取組みや実践がすべての図書館でしごく当たり前となっていることを目指したい。

6.5 むすびに

生成 AI の登場と普及によって、「分からないことは何でも AI が文章を生成して答えてくれる」「わざわざ図書館で調べるなんて時間の無駄」などの声が聞かれるようになった。しかし、本当にそうだろうか。生成 AI が学習対象としているのはインターネット空間に存在するさまざまな情報であり、それらはまさに玉石混交である。ということは、AI が生成する文章のなかにも、有益な情報もあれば、フェイクや嘘も混じっている可能性がある。つまるところ、AI が生成した文章の真偽をしっかり見極める必要があるのだ。その作業を確実に遂行しようとすれば、結局は確かな情報源を集積した図書館を使う他はない。AI 時代を迎えて、図書館の存在意義はむしろ高まっているのではないかと筆者は考えている。

その図書館の利用（読書や情報アクセスを含む）から「誰一人取り残さない」ためにはどうしたらよいのか。すなわち、共生社会に相応しい図書館を実現するための理念的な視座を 6.4 では提示したわけである。しかし、それらの実践には、実際のところ 6.2.1 や 6.3 でも紹介した調査結果から明らかなように、職員の配置、研修、予算の確保といった課題の解決は当然欠かせない。そして、図書館単独の努力だけでは 100％の解決は難しい。さまざまな法整備が進んでいることも述べたが、これらの法律はほぼ理念法なこともあり、課題解決への実効性は正直弱い。

2050 年さらにはその先を見据えて、理念的な視座とともに、欧米のようなもっと実効性ある法の整備（既存法の改正を含む）や国による地方財政措置の充実などが求められる。アメリカでは ALA（アメリカ図書館協会）などが図書館政策実現に向けて積極的にロビイングを展開している。日本においても、図書館界の各団体などが協力してもっと積極的に動くべきときにきているのではないだろうか。

【参考文献】

市川沙央『ハンチバック』文藝春秋、2023 年
全国公共図書館協議会『2021 年度（令和 3 年度）公立図書館における読書バリアフリーに関する実態調査報告書』、2022 年
日本図書館協会多文化サービス委員会『多文化サービス実態調査 2015 報告書』日本図書館協会、2017 年
日本認知症官民協議会『認知症バリアフリー社会実現のための手引き（図書館編）』、2023年（https://ninchisho-kanmin.or.jp/dcms_media/other/guide_library.pdf）
野口武悟『読書バリアフリーの世界：大活字本と電子書籍の普及と活用』三和書籍、2023 年

第７章

公共図書館における利用者の問題行動・カスタマーハラスメントにどう対処するか

千 錫烈（関東学院大学）

7.1 あらゆる人々を包摂する公共図書館

公共図書館はあらゆる年齢や社会的地位の人々を対象としている施設である。公共図書館のサービスをみればわかるように、乳幼児サービス・児童サービス・成人サービス・高齢者サービスといったあらゆる年齢層を対象としているのは、もちろんのこと、障害者サービスや多文化サービスなど特別な支援が必要な人々もサービスの射程となっている。

また、公共図書館は情報提供だけではなく、人びとが集まる「場」としての機能も果たしており、従来の静寂な閲覧室だけではなく、近年ではカフェや会話も可能なグループ学習ができるスペースなども設置されている。

様々な目的で来館するあらゆる人々にとって公共図書館は快適で安心・安全な施設でなくてはならない。そのため公共図書館は施設管理権に基づいて、「貸出」「飲食」「会話」などについて一定のルールやマナーを利用規則等によって定めている。しかしながら、利用規則等を逸脱する利用者の「問題行動」が顕在化し、図書館職員が対応に追われる場面が増えている。

7.2 公共図書館における問題行動

図書館における問題行動（problem behavior）とは「迷惑行為・犯罪行為に拘わらず、他の利用者の図書館の利用可能性を阻害する行動や、職員・他の利用者に対して脅威を及ぼす行動」と定義することができる[1]。具体的には飲食・大声といった迷惑行為や、図書館資料の汚破損・盗難・長期延滞、図書館職員や他の利用者に対してのカスタマーハラスメント・暴行・猥褻行為など様々な事柄を挙げることができる。こうした問題行動を起こす利用者は問題利用者(problem patron) と呼ばれる。

既に 1970 年代にはアメリカで「問題利用者」の概念が生まれ、1980 年代にはアメリカ図書館協会が問題利用者対策のマニュアルを刊行している[2]。一方、日本では 1990 年代後半に遅ればせながらアメリカ同様の問題利用者の存在が認識されるようになり、2004 年にはアメリカの問題利用者に関する翻訳書が刊行されている[3]。

日本では図書館における問題行動は、災害や情報セキュリティの分野も包括した図書館の危機管理の１つとして扱われることが多い。2005 年には第８章で扱う自然災害も含んだリスク対応のマニュアル作成の手引きが日本図書館協会から出版され、2014 年には改訂版が刊行されている[4]。法的観点からの問題行動の対処法を Q&A 方式で示した図書も刊行されている[5]。

7.3　公共図書館における問題行動の実態

では、公共図書館ではどのような問題行動が実際に起こっているのだろうか。筆者が行った公共図書館の問題行動の実態に関する研究を紹介する[6]。

2016 ～ 2019 年に開催された問題行動に関する職員研修会（全 10 か所）において、参加した図書館職員 276 名に対して、自館の利用者に関する問題行動を自由記述で挙げてもらい 1,553 件の事例を収集した。

分析は収取した事例が多いため、テキストマイニングの手法を用いた。テキストマイニングとは質的なテキストデータを量的手法で解析をする手法である。コンピュータで解析を行うことにより質的データを定量的に把握できるだけでなく、分析者のバイアスを排除

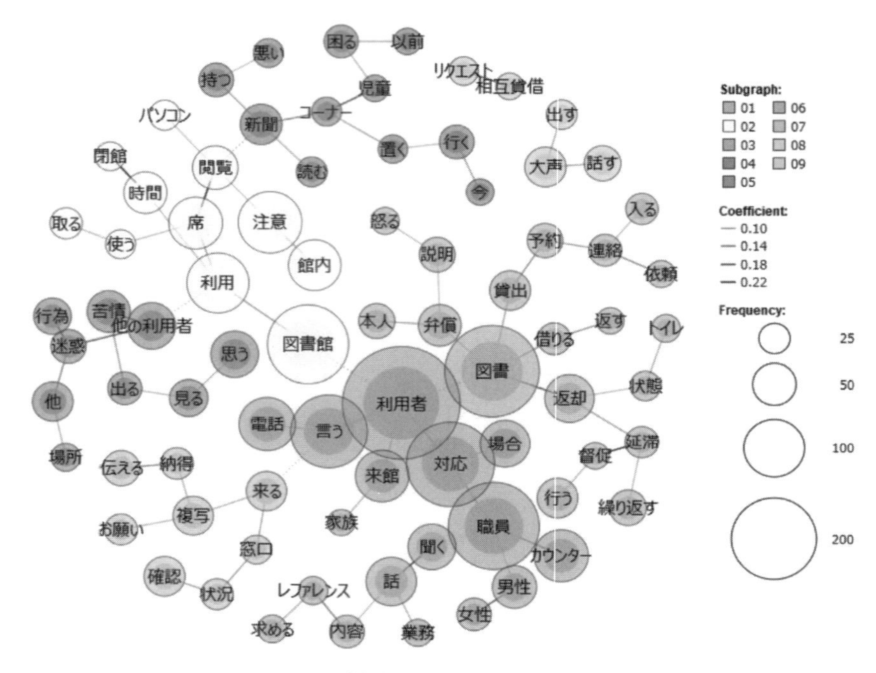

図1　抽出語共起ネットワーク

することができ、信頼性と客観性が保たれやすい利点を持つ。テキストマイニングソフトのKH Coderを利用して、どのような語が一緒に頻出しやすいのかをグループ化し視覚化できる共起ネットワーク分析を行った。KH Coderでは比較的強く結びついている語を自動検出してグループ分けする「サブグラフ検出」の機能があり、以下の9つのグループが描出された。(図1)

7.3.1 グループ①「図書資料に関する問題行動」

グループ①は「図書」の「貸出」・「返却」・「予約」・「延滞」・「弁償」などに伴って起きるカテゴリーであり、「説明」・「連絡」するという一連の流れが確認できる。自由記述（以下、『　』で表記する）の中では、『法律関係の図書を借りて、長期延滞を繰り返す。』、『著作権法がよくわかっていない方に図書館の複写の説明をしたが、怒って帰ってしまった。』などの事例が該当した。

「説明」や「連絡」の他に「繰り返す」や「怒る」といった語も共起しており、納得してもらうために何度も図書館職員が説明を繰り返すが、逆に利用者が怒ってしまって事態が悪化する記述も多く確認された。

7.3.2 グループ②　「閲覧席での問題行動」

「図書館」・「館内」・「閲覧」・「席」といった場所を表す語に「利用」・「使う」・「取る」・「注意」といった語が対応する。他にも「閉館」と「時間」の２つが強い共起を示している。

『朝一番に他の利用者が座っていても「わしの席だ」とどかせて、自分が座る』、『荷物を置いて長時間席を離れるのは控えていただくよう伝えた。』といった閲覧席の占有に関しての問題行動があり、図書館職員が「注意」をしていることがわかる。

「時間」と「閉館」については、『ほぼ毎回、閉館時間を過ぎてから、レファレンスや貸出を希望される利用者がいる。』といった閉館間際のサービス対応や、『閉館時間になっても帰ってくれない』といった退館を促すことが困難な事例もあった。『臨時職員を閉館時間に外で待って声をかける。』といったストーカーの事例も確認された。

7.3.3 グループ③　「利用者の対応をする図書館職員」

「利用者」・「職員」・「男性」・「女性」といった属性を表す語に「対応」・「言う」といったコミュニケーションを示す語が共起された。他には「電話」・「カウンター」といった対応場所も共起される。「職員」が「カウンター」や「電話」などで「利用者」に「対応」している際に問題行動が発生しており、『男性利用者が図書館カウンターに来て、女性職員に執拗に話しかける。』『女性職員が電話に出ると、図書館業務とは関係ない話や卑猥な話を続ける男性利用者。』といったように「男性」利用者が「女性」職員に対してカウンターや電話で問題行動を行う傾向が高いことが明らかになった。「家族」と「来館」に共起関係が確認できるが『利用者カードも家族中のカードを使い、何十冊と借りていかれるため、その人のあとには棚が寂しくなってしまう。』といった家族カードを利用して大量の冊数を借りていく事例も確認された。

7.3.4 グループ④「特定場所での問題行動」

「新聞」・「児童」・「コーナー」といった場所を示す語と、「読む」・「持つ」・「困る」・「置く」・「行く」・「困る」などの動詞が共起されており、新聞コーナーや児童コーナーでの問題行動に「困る」ことがわかる。また、「新聞」と「閲覧」が別グループに区分されているがお互いの共起関係も強いためグループ②との関連性も高いことも指摘できる。

「新聞」については『当日の新聞を複数取り込んで閲覧される利用者がおり、他の方に譲っていただけるようにお願いすると、「何度も新聞架に行くのが膝や腰が悪いので面倒だ」等言われる。』といった新聞の占有や、『「新聞を閲覧している人の新聞をめくる音がうるさい。」等、小さな音への苦情が寄せられる。』といった音の問題などの事例があった。

児童コーナーでの問題行動は、『幼児・児童コーナーで広いスペースがあるのですが子どもたちが飛んだり、跳ねたり、大騒ぎする。』、『児童スペースに中学生グループが入りこみ寝そべっており、注意しても反抗的で従わない。』といった迷惑行為の事例が多数を占めたが、『児童コーナーで、女の子や若い女性につきまとう中年男性。』といった猥褻行為も確認された。

7.3.5 グループ⑤　「他の利用者への問題行動」

「他の利用者」・「迷惑」・「行為」・「他」・「苦情」・「見る」・「出る」・「思い」・「場所」の語から構成され、「他の利用者に対して迷惑となる行為があり苦情が出る」といった事柄が確認できる。

例えば『閲覧席で勉強する方が多く読書に来られた方との席の取り合いなどに対して苦情が来ることもある。』といった座席の占有に関する事柄や『他の利用者から悪臭を放つ利用者への対応を求める意見があった。』、『異臭・悪臭の強い利用者について、他の利用者から苦情を受けた。対策として消臭剤を配置した。』といった臭いに関して他の利用者から苦情を受ける事例が確認された。

7.3.6　グループ⑥　「話の長い利用者」

「聞く」・「話」・「業務」・「内容」・「レファレンス」・「求める」の6語から構成される。

「聞く」はグループ③の「職員」との共起関係も強いため「職員が利用者の話を聞く」といった関連性を指摘することができる。事例を確認すると『図書の問い合わせ等で始まるが、業務に関係ない話が長く続いてしまう利用者への対応（来館、電話とも）。』、『レファレンスの窓口に来られて、話が長くなる。』などがあり、レファレンス質問など業務に関係ない話をカウンターや電話で長時間にわたって聞くことで業務に支障が出てしまうことが指摘できる。

7.3.7　グループ⑦　「複写に関する問題行動」

公共図書館では著作権法第31条で規定される範囲内でしか複写

(複製）はできない。利用者に『住宅地図の複写範囲について納得して貰えない。』といった著作権法の規定を説明しても納得せずにトラブルになる事例や、『複写料金の支払時に身体的接触をうかがわせる行為がある。』とセクシャルハラスメントに該当しうる事例もあった。

7.3.8 グループ⑧ 「大声」

「大声」・「出す」・「話す」の3語から構成される。事例を見ると、『子どもたちの声がうるさいと注意を受ける。』、『精神障害の方が大声で独り言を続ける。』、『耳の遠い利用者に、何度大声でお伝えしても伝わらないとき困ります。』といった利用者の属性に関わる事例があった。他にも『周りにいる人に大声でやたら注意をする。』、『いきなり学生や子どもに対しキレ、大声で騒ぐ利用者。』といった他の利用者に対して大声で注意をしてトラブルを引き起こす事例も確認できた。

さらに『自分の思うようにならないと、大声で怒鳴る。』、『注意された事に腹を立てて大声を出したり、こちらが女性なので威圧的な態度を取られる方もいた。』と図書館職員が怒鳴られる事例もあった。

7.3.9 グループ⑨「相互貸借」

「相互貸借」と「リクエスト」の2語から構成される。相互貸借とは、自館に所蔵をしていない資料を他館から取り寄せて自館の利用者に提供をするサービスである。利用者は無料で相互貸借が利用できるが、図書館側は送料などの経費が発生する。『県外から相互貸借をするが、一目見て「思っていたのと違う」との一言で突き返される。』といった理不尽な対応をされた事例や、『自館所蔵図書では、少しの汚れを指摘したりはしないが、相互貸借本は先方がどう判断されるかによるので、かなり神経質になる。』といった相互貸借資料の汚損に関する事例が確認された。

7.4　基本的人権を保障する施設としての公共図書館

前節で９つのカテゴリーごとに問題行動の事例を見てきが、実に様々な問題行動が図書館で起きていることがわかる。こうした問題行動への対処として一般的な企業や店舗であれば「即退店」・「今後の出入り禁止」といった措置がなされる。しかし、公共図書館はこうした対応には慎重にならなければならない。なぜならば、公共図書館は基本的人権を保障する施設であり、「入館禁止」の措置は人権問題に直結するからである。

7.4.1 基本的人権と公共図書館

日本国憲法では様々な基本的人権を保障しているが、図書館に関連する基本的人権に関する事柄は、「第21条 表現の自由」「第23条　学問の自由」「第25条　社会的生存権」「第26条　学習権」「第13条　幸福追求権」「第14条　法の下の平等」などが挙げられる。不特定多数の人々に無償で様々な情報を提供する公共図書館は、上記の基本的人権を具現化し保障する施設として位置付けることができる。

7.4.2「公の施設」としての公共図書館

地方自治法第244条では「普通地方公共団体は、住民の福祉を増進する目的をもつてその利用に供するための施設（これを公の施設という。）を設けるものとする。」と規定している。ここでの「福祉」

とは社会の構成員に等しくもたらされるべき幸福のことを指す。公共図書館も地域住民に等しく情報を提供する「公の施設」に該当する。

公の施設は不特定多数の利用者を念頭においた施設であるため、同法244条第2項および3項で「(前略) 正当な理由がない限り、住民が公の施設を利用することを拒んではならない。」、「(前略) 不当な差別的取扱いをしてはならない。」と規定され、公共図書館での利用禁止や入館禁止などの利用制限を行う場合には、正当な理由や不当な扱いでないことが前提となる。

公共図書館側が利用者に利用制限を課した場合にも、地方自治法第244条の4において「公の施設を利用する権利に関する処分についての審査請求」の項目があり、利用者が図書館の利用制限措置について行政に不服申し立てをできるようになっている。審査請求がなされた場合には公共図書館は利用制限は正当な理由であることの説明責任が求められる。

現在の公共図書館は直営だけでなく、民間団体等に包括的な運営を任せる指定管理者制度の運営形態もある。直営だけでなく指定管理者においても施設の使用許可・入場制限・退去命令を行うことは可能だが、基本的な人権を保障する施設であり、また公の施設の性格を鑑みれば、利用制限などの行政処分は慎重に考慮すべきであり、濫用は戒めなければならない。

7.4.3 公共の福祉と個人の権利

もちろん、利用者の権利は、当然ながら制限がある。権利を有する者は、その内在的な制限として、権利濫用の禁止が求められる。日本国憲法第13条では「この憲法が国民に保障する自由及び権利は、(中略)、常に公共の福祉のためにこれを利用する責任を負ふ。」

とあるように無制限の権利ではない。公共図書館での問題行動への対処は公共の福祉との緊張関係の中で、個々の利用者の図書館利用の権利を最大限尊重しながらも、図書館の全ての利用者に対して「安心」「安全」を提供するバランス感覚が求められる。

7.5　問題行動の抑止策　～利用規則の制約の軽減～

問題行動の抑止策はどのようなものがあるだろうか。資料延滞や館内での会話等のルールに関する問題行動の抑止策としては「利用規則の制約の軽減」が挙げられる。利用規則というと詳細な規定を策定して利用者を雁字搦めにしてしまうイメージがあるが、それでは管理体制の強化をはかるだけで、利用者にとっては居心地の悪いものになってしまうし、厳しい対応を行うことは社会教育施設である公共図書館の主旨に合致しない。むしろ、利用規則は「利用者を規制するもの」ではなくて「利用者の権利を守るもの」という理念に従って規定をするべきである。制約を軽減した利用規則にすることで図書館の役割や機能を侵害する問題行動から利用者と職員の双方を保護し、さらには利用者の情報にアクセスする権利を守ることにもつながる。利用規則の制約を軽減した図書館の実際の事例を見ていこう。

7.5.1　鎌倉市図書館

鎌倉市図書館では利用者が借りた図書が水濡れなどで汚破損した場合でも、返却すれば原則として弁償を求めない対応をしている。そもそも図書の汚破損はどの時点で汚破損したのかの判断が難しい。例えばセルフ貸出機で貸出をすると、貸出前から汚破損していたかどうか図書館職員が判断もできないといった根本的な問題もある。弁償を巡って抗弁する利用者も多くカウンターで対応する図書館職員も疲弊していたが、利用規則を緩和したことで汚破損した資料の対応をする図書館職員の精神的負担が格段に軽減された。

7.5.2 米百俵プレイス ミライエ長岡　互尊文庫

2023年7月に新潟県長岡市に開館した「ミライエ長岡　互尊文庫」は館内のどこでもフタ付きの飲み物と軽食の飲食が可能となっており、閲覧席でお弁当を食べる高校生の姿も見受けられる。長岡市立図書館長に状況を確認すると、飲食による資料の汚損や、食べ物が散らかるなどの飲食のトラブルはほとんどなく、利用者に非常に好評という。（写真１）

また、撮影も他の利用者の迷惑にならなければ館内撮影が可能となっており、複写の代わりにスマートフォンで図書館資料を撮影する場合もカウンターで申請書を書いてもらえれば撮影ができるため、従来の複写に関するトラブルも少ない。

このように利用者の利便性を高める利用規則によって問題行動を抑制し、利用者もより快適な図書館利用ができ、図書館職員も利用

写真１　ミライエ長岡　互尊文庫

者への注意やクレーム対応などの精神的負担を軽減し、より職務に専念できるようになる。

7.6　カスタマーハラスメント

前節で述べた資料弁済・長期延滞・飲食などは利用規則の制約を軽減し利便性を高める施策によって減少できる問題行動である。一方、クレームや激怒した利用者は利用規則だけでは対応が難しい。公共図書館は基本的人権を保障する施設であり、公共サービス機関として、利用者の主張が正当であれば、真摯に対応すべきである。しかし、問題行動の事例で概観したように自分勝手な主張をする利用者はカスタマーハラスメントとして対応をせざるを得ない場合もある。

2022 年に厚生労働省は「カスタマーハラスメント対策 企業マニュアル」を公表した[7]。このマニュアルではカスタマーハラスメントを「顧客等からのクレーム・言動のうち、当該クレーム・言動の要求の内容の妥当性に照らして、当該要求を実現するための手段・態様が社会通念上不相当なものであって、当該手段・態様により、労働者の就業環境が害されるもの」（下線は筆者が付加）と定義している。従業員に対する人格や尊厳を侵害する言動は従業員の身体的・精神的苦痛を与えるだけでなく、就業環境が悪化し十分な能力が発揮することができなくなり、企業にも大きな損失をもたらす。これは公共図書館でも同じことがいえる。図書館利用者へのサービスも重要だが、図書館職員の身体的・精神的な安全を護ることも重要であり、利用者の要望と図書館職員が抱える負担との間には、いわば「綱引き」のような状況が生まれているといえよう。

表１　カスタマーハラスメントの類型とその対応

時間拘束型	長時間にわたり顧客等が授業員を拘束する。居座り。長時間の電話。
対応例	一定時間を超える場合、おひきとりを願う。電話を切る。 対応できる時間を伝えて、それ以上の長い対応をしない。
リピート型	理不尽な要望について、繰り返し面会や電話で問い合わせをする。
対応例	繰り返し理不尽な問い合わせが来れば注意し、次回は対応できない旨を伝える。
暴言型	大きな怒鳴り声をあげる。侮辱的発言や人格否定や名誉棄損する発言。
対応例	周囲の迷惑となるため、やめるように求める。 侮蔑・人格否定発言については録音し事実確認ができるようにする。
暴力型	殴る・蹴る・たたく・物を投げつける・ぶつかってくる等の行為。
対応例	危害が加えられないよう一定の距離を保つ。 複数名で対応し、直ちに警察に通報する。
威嚇・脅迫型	「殺されたいのか」等の脅迫的な発言。従業員を怖がらせる行為。
対応例	複数名で対応し、警備員等と連携を取りながら対応者の安全確保を優先する。
権威型	権威を振りかざし要求をする。執拗に特別扱いを要求する。 文書等での謝罪や土下座を強要する。
対応例	不用意な発言はせず、対応を上位者と交代する。要求には応じない。
店舗外拘束型	クレームの詳細がわからない状態で職場外の顧客等の自宅等に呼びつける。
対応策	基本的には単独での対応は行わない。
SNS/インターネット上での誹謗中傷型	インターネット上に名誉やプライバシーを棄損・侵害する情報を掲載する。
対応例	ホームページ等の運営者（管理人）に削除を求める。 「誹謗中傷ホットライン」に相談する。
セクシャルハラスメント型	従業員の身体に触る・待ち伏せする・つきまとう等の性的な行動。
対応策	録音・録画による証拠を残し、加害者には警告を行う。 つきまとい等には施設の出入り禁止を伝える。

7.6.1 カスタマーハラスメントの類型とその対応

「カスタマーハラスメント対策 企業マニュアル」ではカスタマーハラスメントを９つに類型化し、その対応例を挙げている。（表１）で、その概要を示す。

具体的な対応策も掲載されているが、挙げられた対応策自体の実施が困難な場合もある。これらの対応策で全て円満に解決ができる訳ではない。また、このマニュアルは一般企業を対象としたものであり､図書館などの行政機関ではそのまま適応できない場合もある。対応の際には人権侵害等に抵触しないか十分に留意をされたい。

7.6.2 未来の図書館で カスタマーハラスメントを減らすために

カスタマーハラスメントは既に社会問題化して身近な問題といえる。東京都では2024年10月に全国初となる「東京都カスタマーハラスメント防止条例」を制定し、2025年１月から施行された[8]。この条例では、顧客と労働者が対等な立場でお互いに尊重し合う公正で持続可能な社会を目指すという理念が掲げられ、カスタマーハラスメントの一律禁止を定め、罰則規定はないが都・顧客等・就業者・事業者の各責務を規定している。

未来の図書館でカスタマーハラスメントを減らすためにどうすればよいであろうか。試案であるが１つの方策を示したい。それは業務のDX（デジタルトランスフォーメーション）である。

大手ファミリーレストランではネコ型の配膳ロボットが導入され､料理を運ぶ姿があたりまえの光景となっている。この配膳ロボットは単なる人手不足の解消よりも、「顧客満足度の向上」と「働きやすい職場環境」のために導入されたという[9]。実際に配膳ロボットを導入しても従業員の数は減らしていないという。配膳ロボット以外にもオーダーの際の卓上タブレットや、会計の際のセルフレジなどDXが推進導入された結果、1年間で顧客のクレーム件数は23%も減少した[10]。

DX化により顧客にとっては自分のペースでストレスなく注文や会計ができるため利便性の向上や待ち時間への不満の解消につながる。実際に会計時の1人あたりの対応時間は80秒から9秒に激減した。また、顧客も従業員には不満も言いやすいが、DX化した機械自体に不満を述べても無意味なため、クレームの発生頻度も低くなる。従業員もDX化により作業時間が改善されることにより、例えば乳幼児連れやデジタルに不慣れな顧客に対して丁寧な接客ができるようになりサービス向上につながっている。従業員はストレスとなるクレーム対応が減少したことで、より働きやすい職場環境になっている。

図書館のDX化は既に利用者自身が行う貸出・返却・予約などのセルフ機器も多くの図書館で導入されているが、一層の推進により利用者の利便性向上とクレームや不満を減少させることが期待できる。問題行動の事例として新聞コーナーでの複数の新聞紙の占有を挙げたが、韓国の公共図書館では新聞閲覧もデジタル化されデジタルサイネージで提供されており、DX化を推進することで、こうした問題行動が解消されている。(写真2)

DX化がもたらす労働環境の改善や時間的余裕は図書館職員のホスピタリティの向上やストレス軽減の効果も期待できる。アメリカの問題行動に関する専門書では、利用者からの不満やクレームを増加させる図書館職員の態度について以下の7つ挙げている[11]。

写真2　新聞閲覧デジタルサイネージ　　韓国 釜山広域市書洞図書館

① 無関心
② 拒絶
③ 冷淡
④ 人を見下し恩着せがましい
⑤ ロボットのように感情を持たない機械的な対応
⑥ 規則集のような対応
⑦ 言いのがれ

このような対応の多くは、図書館職員が身体的にも精神的に疲労が溜まりやすい混雑時や閉館間際や連日勤務が続いている時に、声の調子や態度に無自覚に現れやすい。利用者からの不満やクレームは偶然に起きるわけではなく、図書館の人員管理や組織運営の不備が要因の場合もある。高いホスピタリティを提供するためには職員の余裕が必須といえる。図書館職員個人の努力だけでなく、図書館組織全体でのメンタルヘルスケアの体制整備も必要である。また、DX化によって生まれた時間を有効活用することは、レファレンスサービスや読み聞かせなどの従来の業務の一層の充実や、新しいサービスへの取り組みにつながる。DX化によって図書館は地域社会に貢献できる新たな役割を担っていくことができるであろう。

【注】

1 千錫烈「大学図書館における問題行動の実態 –テキ ストマイニングによる自由記述の分析から―」『山本順一先生古希記念集』NextPublishing Authors Press, 2022, p.87-116.
2 Morris, John. The library disaster preparedness handbook. American Library Association, 1984, 129p.
3 ベス・マクニール , デニス・ジョンソン編 , 中野捷三訳 ,『図書館の問題利用者－前向きに対応するためのハンドブック－』. 日本図書館協会 . 2004, 231p.
4 日本図書館協会図書館政策企画委員会「こんなときどうするの？」改訂版編集チーム『みんなで考えるこんなときどうするの？：図書館における危機安全管理マニュアル作成の手引き』日本図書館協会 . 2014, xii, 244p.
5 鑓水三千男『図書館と法―図書館の諸問題への法的アプローチ』改訂版 , (JLA 図書館実践シリーズ 12) 日本図書館協会. 2018, xvi, 328p.
6 千錫烈「公共図書館における問題行動に関する研究：テキストマイニングを用いた自由記述の分析から」『図書館綜合研究』(20),2020, p.1-30.
7 厚生労働省「カスタマーハラスメント対策　企業マニュアル」 https://www.mhlw.go.jp/content/11900000/000915233.pdf
8 東京都カスタマー・ハラスメント防止条例　https://www.reiki.metro.tokyo.lg.jp/reiki/reiki_honbun/g101RG00005328.html
9 東洋経済オンライン「なぜファミレスで「配膳ロボ」が急増しているのか…人手不足だけではない「ネコ型ロボット」の導入背景」　https://president.jp/articles/-/67945?page=2
10 すかいらーくホールディングス「2023 年度　通期決算説明資料」 https://finance-frontend-pc-dist.west.edge.storage-yahoo.jp/disclosure/20240214/20240213535315.pdf
11 Albrecht, Steve. Library Security Better Communication, Safer Facilities. American Library Association, 2015, 165p

【参考文献】

千錫烈「図書館における問題利用者への抑止策：リスクマネジメント・利用規則・ホスピタリティ」『情報の科学と技術』60（10）,2010, p.113-120.
千錫烈「図書館における問題利用者：コミュニケーション・スキルを用いた「怒り」への対処法」『情報の科学と技術』67（3),2017, p.420-427.

第８章

災害・パンデミックに備える
～これまでの災害に学ぶ

新藤　透（國學院大學）
千　錫烈（関東学院大学）

8.1 はじめに

災害は自然災害と人為的な災害に大別することができ、前者は地震や台風などであり、後者は火災や戦争などである。さらに近年では2020年から数年間にわたって世界中を席巻した新型コロナウイルス感染症（covid-19）などにみられるように、パンデミックも災害の一種と認識されている。

このように現代の図書館ではさまざまな災害に対処しなければならないのだが、いうまでもなく災害とは近年初めて起こったわけではなく、有史以来何度も起こってきた。古代に図書館が誕生して以来あらゆる災害と対処してきたはずである。本章ではまず過去の事例を参照したうえで、2011年3月11日に発生した東日本大震災や2020年からの新型コロナウイルス感染症（covid-19）にどのように図書館が対処したのかを振り返りたい。

8.2 前近代における図書館と災害

8.2.1 西洋の図書館と災害

古代から近世までの前近代社会においても、図書館はさまざまな災害と対峙していた。とりわけ戦争や火災の被害が目立つようである。

例えば古代エジプトにあったアレクサンドリア図書館も戦争の被害に遭っている。紀元前48年、ローマ内戦で敗北したポンペイウスがプトレマイオス朝エジプトに逃れ、カエサルがポンペイウス追撃のためにアレクサンドリアに至るが、エジプト国王プトレマイオス14世の軍勢が海上封鎖を行っており、カエサル軍は上陸できない。カエサル軍は火を放って敵の艦隊を炎上させようとしたが、火が思ったよりも燃え広がってしまい、アレクサンドリア図書館まで延焼させてしまったという。このことを知ったプトレマイオス14世の共同統治者クレオパトラ7世はひどく嘆き悲しんだと伝わっている。これは有名な話であり、現代では異説も数多く出されており史実はよくわからないのだが、アレクサンドリア図書館はかなりの被害を受けたことは間違いないだろう。このように図書館が戦争の被害を受けた事例は古代から数多い。

フランス革命は「自由・平等・友愛」を掲げた市民革命ということで日本では評価が高いが、王立図書館や貴族の図書館、修道院図書館の蔵書が内戦によって相当の被害を受けている。

8.2.2 日本の図書館と災害

ここで日本の事例も紹介しておこう。奈良時代に律令によって定められた図書館として図書寮（ずしょりょう）がある。平安時代に入ると図書寮の管理が不十分になり、たびたび火災が発生している。883年（元慶7）には夜間に図書寮から火が出て、倉1棟と建物1棟の計2棟が被害に遭ったと『日本三代実録』に記録されている。1027年（万寿4）にも火災が起き、「累代の宝物灰燼となる」と『日本紀略』に記されており、さらに1042年（長久3）にも火災が起こっており、建物に被害が出たらしい。長久の大火以降は再建されなかったようである。当時は夜間の照明に火を灯していたので、不注意から燭台を倒してしまい火災を引き起こすことも多かったと考えられる。したがってわが国においては、防火対策が前近代図書館の災害対策としては目立つ。

平安末期に左大臣として辣腕をふるった公卿の藤原頼長は、学問にも多大な関心を寄せており書籍も数多く所持していた。頼長は1145年（天養2）に宇治文蔵（うじのふみぐら）と呼ばれる文庫を完成させる。その建物は、高さ1尺（約30cm）の基礎の上に、高さ1丈1尺（約3m30cm）・東西2丈3尺（約6m90cm）・南北1丈2尺（約3m60cm）で、南北に戸を設置し、四方の壁には板張の上に石灰を塗り、屋根は瓦葺、建物から6尺（約1m80cm）離れて芝垣をめぐらし、その外に堀、その外に竹を植え廻らし、さらにその外に普通の築垣を設けていた。建物に石灰を塗っていること、堀を四周に廻らせていることから明らかに防火対策だとわかる。災害対策といえば火災のみを念頭に置いていたのであろう。

江戸時代になっても火災がやはり大敵であった。江戸幕府初代将軍徳川家康は無類の読書好きであり、多数の書籍も所蔵していた。家康は江戸城の本丸に富士見亭文庫、隠居先の駿府城には駿河文庫を設けた。家康の死後、駿河文庫本の多くは江戸城の富士見亭文庫に移管された。3代将軍徳川家光は祖父家康に憧れており、偉大な祖父が遺した蔵書を守るため、火災に遭う可能性がある富士見亭文庫の移転を決めた。移転先は江戸城内の紅葉山で1639年（寛永16）から工事が開始された。その工事の最中に本丸が全焼する火事が発生してしまう。家光の心配は現実のものとなってしまったのである。幸い蔵書には被害はなかったようだ。紅葉山文庫は1640年（寛永17）に完成した。この江戸城内の紅葉山という地域は、西の丸から西桔門（にしはねもん）に通じる道路と内堀とを隔てて、本丸の高い石垣に面しており、ほかの方角も霊廟に隣接しているか内堀に沿っていた。周囲には常緑樹が生い茂り、火の手が最も及びにくい安全地帯になっていたのである。事実、江戸城の天守閣も焼失させ、江戸市中の大半を焼け野原にしてしまった明暦の大火（1657年）にも紅葉山文庫は焼けなかったのである。それゆえ明治維新まで徳川将軍家の貴重書を守り通すことができた。

8.3　関東大震災と図書館

明治以降、日本は欧米から図書館を輸入し、紆余曲折はあるが全国的にその数を増やしていった。日本国内での災害は太平洋戦争で日本の都市が空襲の被害を受けるまで、図書館が心配する災害は火災と地震であった。特に巨大地震のたびに図書館は大きな被害を受けた。戦前期の巨大地震といえば1923年（大正12）に発生した大正関東地震、その災害である関東大震災であろう。ここでは関東大震災と図書館の被災と復興について、神奈川県横浜市の図書館を事例にして紹介する。

1923年（大正12）9月1日午前11時58分に、神奈川県西部を震源として発生したマグニチュード7.9、最大震度6を観測した（震度6は当時の最大震度である）地震を大正関東地震とよぶ。大正関東地震は震源地の神奈川県西部だけではなく、埼玉県、千葉県、東京府、山梨県でも震度6を観測し、さらに北海道道南地方から中国・四国地方にかけて広範囲で震度5から震度1を観測している。

この地震では発生がちょうど昼時と重なり、昼食を調理していた家庭が多かったことから火災が多く発生し被害が拡大した。さらに沿岸部では津波や土砂災害なども引き起こしている。死者は105,385人にも上っており、うち東京府は68,660人、神奈川県は26,623人とこの2府県だけでおよそ9割を占め、被害が集中したことが窺える。

当時の神奈川県に図書館は11館存在していたが、ほとんどが小規模な通俗図書館であった。神奈川県に県立図書館が誕生するのは1930年（昭和5）の神奈川県立金沢文庫開設を待たなければならず、関東大震災発生時には存在していなかった。この11館で、震災前に最大の蔵書数を誇っていたのが神奈川県立横浜第一中学校附属図書館で17,965冊、次いで財団法人道徳教会附属辻村文庫が14,081冊、第3位は御即位記念足柄下郡教育会図書館5,061冊の3館であった(1920年調査時)。神中附属図書館が最も蔵書があったが、この図書館はもともと県立横浜第一中学校在学生のために設置された「学校図書館」であり、それを土曜・日曜のみ県民に一般開放していた。震災後、依然として県内最大蔵書数を誇っていたのは神中附属図書館であるが、蔵書は6,900冊とおよそ3分の1に減少している。1920年調査時では2位につけていた財団法人道徳教会附属辻村文庫に至っては、350冊と激減している。3位の御即位記念足柄下郡教育会図書館も、震災後には2,550冊と半分ほどに減ってしまっている。いかに県内公共図書館に甚大な損害を震災が与えたのかがよくわかる。

当時、横浜市立図書館は開設前であり館舎は建設途中であった。ただ本格的な図書館ができるまでの暫定措置として、横浜市は横浜公園内に仮閲覧所を設置していた。その閲覧所は火災によって全焼してしまい、蔵書もことごとく灰になってしまった。

多くの被災者が避難所に寄せ合っていたが、それでも地震からしばらく経つと衣食住は救援によって徐々に被災者に行き届くようになった。しかし人心は荒廃していたようである。そこで被災者の心を慰安するには読書が第一であると図書館員が思い立って、図書館の再建を始めることになった。蔵書は私立佐賀図書館、大阪市立図書館から援助を受け、さらにポスターを作成して全国の一般市民に図書の寄贈を呼び掛けた。

現在の横浜市南区中村町3丁目191番地から同町4丁目269～274番地一帯には、震災直後に大阪府などで組織された震災救護関西府県聯合が建設したバラック群があった。敷地内には被災者を収容するバラックはもとより、病院、警察署、消防署、小学校などもあり、2,000 人を超える人びとが一時期避難していた。このバラック群を横浜の人たちは「関西村」と呼んでいた。その関西村の 13 号バラックに、1923 年（大正 12）12 月 16 日に横浜市図書館中村町閲覧所が開館した。開館直後に山口県から移動図書館蔵書 5,000 冊余りが到着し、これも直ちに閲覧に供されている。蔵書が不足していたのでありがたい援助であった。

翌 1924 年（大正 13）2 月の中村町閲覧所の閲覧者数は 1,136 人、1 日平均 42 人であった。蔵書数は 1,984 冊であるので、1 日平均 73 冊あまりの閲覧があったことになる。閲覧者の内訳は「婦人」が 284 人で最も多く、次いで「少年」275 人、「学生」210 人と続いている。

このように関西村の中村町閲覧所は活況を呈しており、特に図書館を普段は利用しない女性たちが多く訪れている点は注目すべき事実である。被災者を収容するバラック群の中にあったので，女性たちが気軽に立ち寄れる環境にあったためであろう。

このように関東大震災で甚大な被害を受けた横浜市立図書館仮閲覧所は、発生直後から市民のためのサービスを開始していた。市民への心の慰安がその目的であった。いまから 1 世紀前の出来事であるが、現代でも充分参考になる事例である。

8.4　東日本大震災と図書館 〜陸前高田市立図書館の復旧支援〜

8.4.1　岩手県内の公共図書館の被害状況

2011 年 3 月 11 日午後 2 時 46 分、三陸沖を震源とするマグニチュード 9.0・最大震度 7 の東日本大震災が発生した。被害は甚大であり死者・行方不明者は 22,000 人以上にのぼった。公共図書館の被害も岩手県・宮城県・福島県を中心に251館で被害が確認されている。

岩手県内の公立図書館56 館のうち、特に陸前高田市立図書館・野田村立図書館・大槌町立図書館・大船渡市立三陸公民館図書室の4館は津波により建物は躯体のみしか残らず所蔵資料も全て流失する壊滅的被害を受けている。岩手県で被害のなかった図書館はわずか7館のみであり、書架からの図書の落下等の被害は46館に達する。また23館は壁・柱の亀裂や配管の漏水など建物や施設の被害があり、例えば、内陸部の奥州市立前沢図書館でも22基の書架が転倒し、書籍の5割が落下し一部壁面剥離する大きな被害を受けている。このように県内のほとんどの図書館がなんらかの被害を被っている。

さらに、早期に復旧したにも関わらず、余震で再び書架から図書が落下して復旧作業を繰り返した事例もある。例えば、岩手県一関市立千厩図書館では震災で図書の9割が落下し、被災後3週間程度で再開館したにも関わらず、数日後の余震により再び図書が9割落下する被害にあっている。余震の発生は予測困難であり、復旧作業との兼ね合いの判断は非常に難しい。

8.4.2　図書館の機能と再生の意義

被災地の人々にとって図書館の再生は非常に重要なことである。なぜなら、困難な状態に置かれている被災者に対して図書館は知的自由を保障する施設として様々な情報を提供し、人々の生きる力を与えることができるからである。被災した図書館の復旧支援は以下の3つの意義があると考える。

①人々が必要とする様々な情報を提供することで、知る権利の個人権的機能を保障する

②行政資料を提供することで知る権利の参政権的機能を保障する

③資料救済・保存を通じて、地域社会の歴史や文化を継承する

①の個人権的機能については、避難所や仮設住宅での生活は設備も不十分でありプライバシーが極端に制限され、過酷な状況の中で毎日の生活を送っている。こうした精神的な負担を和らげるために図書館が図書を提供することは心の癒しとなる。実際に移動図書館車や仮設図書館が早い段階で活動を始めたのは、この使命を果たすために他ならない。

一方で被災地での図書のニーズは時間とともに大きく変化をしている。震災直後から１カ月後ごろは料理本やグルメ本などの食べ物に関する図書の人気が高く、保存食中心の避難所での食生活の癒しとなった。半年後には仮設住宅での生活がはじまり、編み物や園芸など趣味に関する図書が人気になった。また学校が再開され学校図書館などへの絵本・児童書や学習用図書のニーズもこの時期から高まっていった。１年ほど経つと、震災を客観的に振り返りたいというニーズが高まり、震災関連や防災に関する本や、震災前の状況を確認するための古地図などが人気であった。それ以降は、住宅関連本やビジネス本など復興への歩みを進めるために必要な図書に人気が集まった。

公共図書館は、こうしたニーズの変化に対応し、様々な情報資料を提供することで人々の知る自由を保障し、心に癒しを与え、精神の安定や改善を促し人々の幸福を追求する権利を下支えしているのである。

②の参政権的機能とは、国や自治体などの政治・行政に関する情報を個人が自由に入手できる機能を指す。地域コミュニティの再生や新しい街づくりには行政側の一方的な提案ではなく、その街の担い手であり、主権者である地域住民の意思が重要である。自分たちの街をどのように復興させていくのかを、地域住民各々が思案を練

り意思を持つためには行政の情報を広く収集し提供する図書館の存在が欠かせないのである。

③の歴史や文化の継承については、図書館は個々人の記憶機能を超えて社会的記憶装置としての機能を持つ。先人達が経験知として得た知識を記録知として残し、そして次の世代が先人の記録知を学習して、経験知を加えさらに記録知化することで人類は永続的に発展をしてきた。これらの地域に伝えられた有形無形の資料は地域の人々の生きた証である。こうした記録が消失してしまうことは地域の歴史や文化の消失を意味する。今までの記録知の集大成である地域資料を、ひとつでも多く救助し未来への証として次世代に継承を支援することは地域のアイデンティティを保ち、被災した人々への復興への目標を見出すためにも重要である。

8.4.3　陸前高田市立図書館での郷土資料救済活動

2012 年 3 月～ 2012 年 11 月

前節で挙げた意義のうち、「歴史や文化の継承について」について筆者（千）がかかわった陸前高田市立図書館での郷土資料救済活動の事例を紹介する。

岩手県陸前高田市は東日本大震災による津波により死者・行方不明者は 1,700 名以上にのぼり、市役所などの公共施設や小中学校などの教育施設は壊滅的な被害を受けた。陸前高田市立図書館も勤務中の職員 7 名全員が犠牲となり、蔵書約 8 万冊（郷土資料は約 6,000 冊）を失い、建物も壊滅という甚大な被害を被った。（写真 1）

散乱した図書館資料は移動図書館車の車庫に積み重ねられ 1 年も放置されたままになっていた。その中には貴重な郷土資料・地域資料も含まれることがわかり、陸前高田市教育委員会からの依頼を受けて、2012 年 3 月から岩手県立図書館が中心となり日本図書館協会や筆者（千）も所属していた岩手県内の司書課程を有する複数の大学が救済活動にあたった。

救済活動は（表1）のように第１期から第４期に分けられる。

第１期救済活動は郷土資料の救出作業であり2012

写真１陸前高田市立図書館
2012年３月撮影

表１　陸前高田市立図書館郷土資料の救済活動

第１期救済	2012年３月17〜19日	図書館にて郷土資料の救出作業
第２期救済	2012年６月３〜５日	ドライクリーニング作業
第３期救済	2012年８月27〜30日	デジタル撮影作業
第４期救済	2012年９月29〜11月16日	印刷出力・ファイリング作業・電子目録作成

年３月に行った。移動図書館車の車庫に山積みにされている約２万冊の資料の内容を一点一点確認して郷土資料を選別救済する作業を行った。冷たい浜風の中で汚泥まみれの海水を含んだ資料を選別する作業は困難を伴ったが、小学校の文集や市内の各種団体の記念誌といった地域資料、市政要覧などの行政資料、陸前高田の歴史に関する郷土資料など約500点を救出し、水濡れやカビの繁殖を防ぐため冷凍倉庫で保管を行った。(写真2)

写真2　郷土資料の救出作業

写真３　ドライクリーニング作業

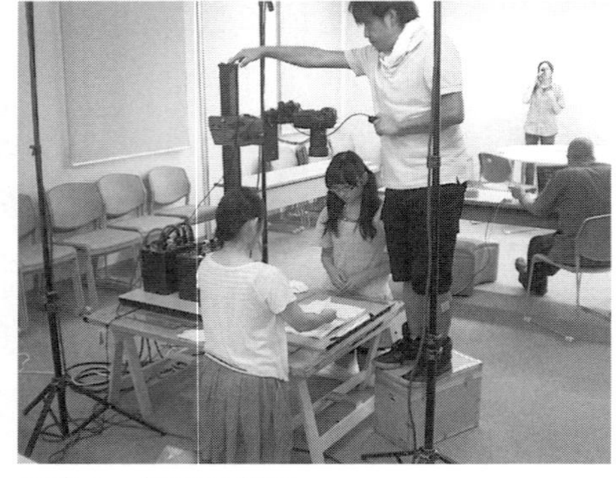

写真４　撮影の様子

第２期救済活動は救出資料のクリーニング作業である。第１期で救出した約500点のうち、寄贈・購入などの再入手が難しい資料259点を対象として、「①資料の乾燥」、「②汚泥を除去するドライクリーニング」、「③カビの繁殖を防ぐエタノール消毒」の３つの作業を中心に行った。「資料の乾燥」は新聞とキッチンペーパーで作成した吸水紙を濡れた救済資料に挟みこみながら自然乾燥をさせた。「ドライクリーニング」は図書のノドの部分を中心に１ページ毎、スポンジやハケで細かい泥や砂を除去する根気のいる作業であった。「エタノール消毒」はカビの痕跡が見られる資料には消毒用エタノールの噴霧を行いカビの拡大を防ぐために行われる。（写真3）

第３期救済活動は救済資料のデジタル化撮影である。クリーニングを行った資料でも水損による歪みや皺、泥砂の跡も残っており図書館資料としてそのままの状態で市民に提供することは困難な状況であるため、岩手県内の公共図書館・大学図書館に複本が存在しない61点の資料を対象としてデジタル撮影を行った。（写真4）

撮影はプロのカメラマンに依頼し、アシスタントを学生ボランティアが担当した。総計3,405カットを３日間で撮り終えることができた。撮影データもデジタルアーカイブとして十分耐えうるクオリティを保つようにした。

第4期救済活動は印刷出力ファイリングおよびデジタル目録の作成である。図書館の利用者の中にはデジタルデータのままでは使いこなすことが難しい場合も想定される。また郷土資料は必要な個所のみを参照することが多く、デジタル画像よりも印刷物の方が一覧性に優れていることもあり、デジタル画像を印刷出力し、ファイリングを行った。(写真5)

2012年12月1日に仮設図書館が開館するのに合わせて11月27日にデジタルデータおよび目録を届けた。(写真6)

ファイリング資料は仮設図書館のスペースに余裕がないため岩手県立図書館で預かることとなった。また、被災した資料の現物は先に述べたように完全な修復には至っていないため、東京都立図書館に移送され本格修復が行われることになった。資料の解体・洗浄・損傷部分の補修・再製本等が行われ、2015年3月に修復が完了した。その成果が東京都立図書館のwebサイトで公開されている。

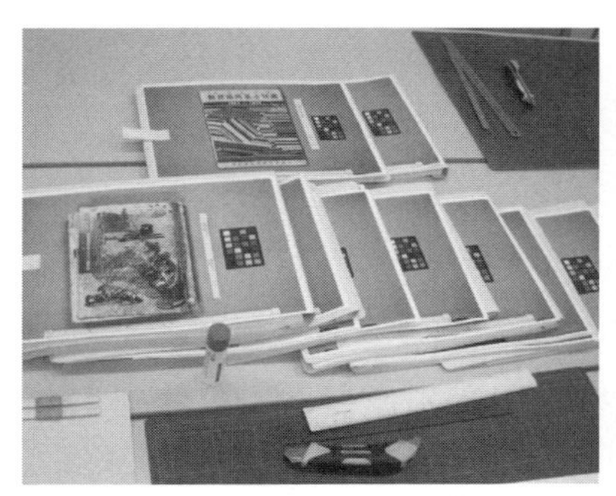

写真5　印刷ファイリング作業

写真6　デジタル目録を操作する様子

8.5　新型コロナウイルス感染症（covid-19）と図書館

2020年1月から新型コロナウイルス感染症の罹患者が増え、4月7日に初めての緊急事態宣言が7都府県に発令され、4月16日には対象が全国に拡大した。不要不急の外出の自粛要請がなされ、コンサートやスポーツイベントの自粛、学校も1か月以上も臨時休校となった。日常生活においてもマスク着用が必須となり、ソーシャルディスタンスと呼ばれる人との距離を保つことやお互いの接触を避ける行動が定着していった。

最初の緊急事態宣言では公共図書館も休館が要請された。saveMLAKの動向調査では2020年5月7日時点で全国の公共図書館の92%が休館となった。非常時でニーズが高いにも関わらず、図書館の休館によって、人々が必要とする様々な情報を提供する「知る権利の個人権的機能の保障」という図書館の本質的機能が揺らぐ可能性があった。しかし、緊急事態宣言の解除後には、図書館職員や利用者の安全を担保するため一部サービスの制限や利用時間・入館人数の制限などを行いながらも、電子ブックの整備・郵送貸出・デジタルレファレンスサービスなどの非来館サービスが多くの公共図書館で展開され図書館の本質的機能の維持がなされている。

2023年5月8日より新型コロナウイルス感染症が第5類感染症へ移行したことにより、行動制限や施設閉鎖などは原則として行われなくなった。しかし、多くの図書館では来館者数や貸出冊数が2019年以前の状況に戻っていない状況にある。

例えば、筆者（千）が図書館協議会委員を務める鎌倉市図書館（市内全5館）の入館者数・貸出者数・貸出冊数の推移は表2の通りである 。

2019年度を基準に2023年度を比較すると貸出者数は98%、貸

表２　鎌倉市図書館の利用統計

	入館者数（人）	貸出者数（人）	貸出冊数（冊）
2019 年度	754,442	415,100	1,202,662
2020 年度	508,077	331,168	1,074,789
2021 年度	644,453	415,940	1,363,506
2022 年度	633,728	410,153	1,332,113
2023 年度	656,574	404,949	1,298,340

出冊数は105%とコロナ禍以前の水準に戻っているが、入館者数は87%と回復が遅れている。もちろん図書館の評価は入館者数や貸出冊数といった量的指標だけでなく、近年の利用者の来館行動の変容や電子書籍に代表される非来館サービスの充実という要因も考慮しなければならないが、これからの図書館を考える上でも来館の動機付けとなる抜本的な施策の検討は必要であろう。

8.6　災害と図書館のこれから

本章では図書館における自然災害について述べてきたが、古代では戦争による破壊や火災による図書館の焼失が大きなリスクであったといえる。

関東大震災では横浜市立図書館の仮閲覧所が建物も資料も灰塵に帰しているが、わずか３か月後には市民のためのサービスを開始した。女性を中心に多くの利用があり、これは市民への心の慰安が目的であった。東日本大震災でも壊滅的な被害を受けた図書館においても全国から図書だけでなく移動図書館車の寄贈があり、早い段階で図書館サービスが行われている。そして新型コロナウイルス感染症の際には非来館サービスが多くの図書館で展開された。

振り返ると、図書館が災害時の困難な状況下においてもサービス提供を続けてきたことは、地域社会の復興に不可欠な、「個人権的機能の保障」、「参政権的機能の保障」、「地域社会の歴史や文化を継承」という本質的な機能を図書館が有していることにほかならない。こうした本質的な機能は未来でも不変な機能といえるだろう。日本では毎年のように地震や水害が頻発しており、感染症も新型コロナウイルスやインフルエンザのように長期間流行することもある。歴史が示すように、災害は図書館にとって大きな脅威となる。そのため、いかなる災害時にも図書館の機能を維持し、地域住民に情報提供や心の支えとなるよう、常に準備を整えておくことが求められよう。

【参考文献】

岩猿敏生『日本図書館史概説』日外アソシエーツ, 2007.

新藤透『図書館と江戸時代の人びと』柏書房, 2017.

新藤透『図書館の日本史』勉誠出版, ライブラリーぶっくす, 2019.

新藤透『古代日本に於ける「図書館」の起源』樹村房, 2022.

新藤透「関東大震災による横浜市内の図書館の被災と復興：公共図書館を中心として」『現代の図書館』61(1), 2023.9.

中山愛理「第１章　古代アレクサンドリア図書館」三浦太郎編著『講座・図書館情報学第 12 巻　図書・図書館史：図書館発展の来し方から見えてくるもの』ミネルヴァ書房, 2019.

国立国会図書館「東日本大震災と図書館」『図書館調査研究リポート (13)』, 2012.　https://current.ndl.go.jp/report/no13>

岩手県立図書館「東北地方太平洋沖地震に係る岩手県内公立図書館等の被害概況」https://www.library.pref.iwate.jp/0311jisin/lib-iwate.html

千錫烈「いわて高等教育コンソーシアム『被災地の図書修復及び整備についての研究チーム』の活動報告：陸前高田市立図書館郷土資料救済の取り組みについて」図書館雑誌 107 (3), p.162-164, 2013.

千錫烈「東日本大震災後の地域再生と図書館」『現代の図書館』56 (2), p.55-65, 2018.

千錫烈「大学図書館におけるリスクと対応―問題行動とコロナ禍での利用者の行動変容を中心に」『大学図書館研究』(124)，2023, p.2159-1-2159-12. https://doi.org/10.20722/jcul.2159
千錫烈「図書館における自然災害へのリスクマネジメント」『図書館界』76(5), p.296-300. 2025.
東京都立図書館「岩手県陸前高田市立図書館　被災資料の修復」
https://www.library.metro.tokyo.lg.jp/guide/about_us/collection_conservation/conservation/disaster/rikuzentakada/index.html,
saveMLAK COVID-19libdata チーム．「covid-19-survey」.
https://savemlak.jp/wiki/covid-19-survey#.E5.85.AC.E5.85.B1.E5.9B.B3.E6.9B.B8.E9.A4.A8
鎌倉市図書館「統計」https://lib.city.kamakura.kanagawa.jp/associ05.html

第９章

これからの司書の専門性と司書養成

長谷川幸代（跡見学園女子大学）

9.1　現在の司書の資格

図書館で働く人の資格「司書」だが、世の中では「図書館では司書資格をもっていなくても働くことができる。」という事実を知らない人も多いのではないだろうか。図書館によっても異なる（例えば、職員全員が司書資格をもっているという図書館もある。）が、実際には司書資格が無くても図書館の仕事に従事することができるのが現状である。そのような中で、現在の「司書」といわれる資格がどのようになっているか見てみよう。

9.1.1　「司書」と「司書補」

司書といわれる資格には、「司書」と司書の職務を助ける「司書補」がある[1)]。「司書」になるには、一、大学を卒業した者（専門職大学の前期課程を修了した者を含む。次号において同じ。）で大学において文部科学省令で定める図書館に関する科目を履修したもの。二、大学又は高等専門学校を卒業した者で次条の規定による司書の講習を修了したもの。三、次に掲げる職にあつた期間が通算して三年以上になる者で次条の規定による司書の講習を修了したもの（イ、司書補の職。ロ、国立国会図書館又は大学若しくは高等専門学校の附属図書館における職で司書補の職に相当するもの。ハ、ロに掲げるもののほか、官公署、学校又は社会教育施設における職で社会教育主事、学芸員その他の司書補の職と同等以上の職として文部科学大臣が指定するもの。）。一から三のいずれかの条件を満たす必要がある。一方、「司書補」になるには、一、司書の資格を有する者。二、学校教育法（昭和二十二年法律第二十六号）第九十条第一項の規定により大学に入学することのできる者で次条の規定による司書補の講習を修了したもの。一か二、どちらかの条件を満たす必要がある。

司書と司書補については「図書館法」に定められているが、この法律は公共図書館に適用されるものであるので、公共図書館で働くことを前提としている。

講習は、文部科学大臣の委嘱を受けて大学が行うことになっている。大学に通いながら必要な単位を履修する場合もあれば、夏期講習といった集中講義で単位を取得する場合もある。これらの内容も、「図書館法」で規定されている[2)]。

9.1.2　司書が資格取得のうえで学ぶこと

司書にはどんなスキルが必要か、これからの司書に必要な専門性とは何かを考える前に、現在の司書資格の課程でどんなことを学ぶのか確認しておこう。必要な科目は、以下のとおりになっている（表1）。司書補の課程では履修する科目が異なるが、おおむね身に着けるべき分野は一致するので、ここでは司書の例を取り上げる。

	No	区分	科目名	単位数
必修科目	1	基礎科目	生涯学習概論	２単位
	2		図書館概論	２単位
	3		図書館情報技術論	２単位
	4		図書館制度・経営論	２単位
	5	図書館サービスに関する科目	図書館サービス概論	２単位
	6		情報サービス論	２単位
	7		児童サービス論	２単位
	8		情報サービス演習	２単位
	9	図書館情報資源に関する科目	図書館情報資源概論	２単位
	10		情報資源組織論	２単位
	11		情報資源組織演習	２単位
選択科目		(2 科目選択)	図書館基礎特論	１単位
			図書館サービス特論	１単位
	12		図書館情報資源特論	１単位
			図書・図書館史	１単位
	13		図書館施設論	１単位
			図書館総合演習	１単位
			図書館実習	１単位

表１　司書履修科目（13 科目 24 単位）
出典：「司書資格取得のために大学において履修すべき図書館に関する科目一覧」文部科学省
(https://www.mext.go.jp/component/a_menu/education/detail/__icsFiles/afieldfile/2009/05/13/1266312_8.pdf)

必修科目には、

「基礎科目」「図書館サービスに関する科目」「図書館情報資源に関する科目」の三つの区分がある。図書館の全体像や経営、具体的な利用者へのサービス、資料およびその整理技術について学ぶ内容となっている。選択科目は、必修科目で扱う内容をより深く掘り下げる内容になっている。

ちなみに「情報資源」という言葉だが、以前は「資料」と呼ばれていた。図書館で扱う様々な資料を指して言うが、時代とともにデジタル化された資料やインターネット上の情報も扱うようになり、現在は「情報資源」という名称で呼ばれている。また、「組織」という言葉が出てくるが、これは資料を整理することで、実際には「分類」や「目録」に関するような内容を中心に、資料や情報を整備して利用者の検索に役立てるような内容である。

デジタル技術の発展やインターネットの普及により、学ぶ内容にも変化が生じた。司書は「本」を扱う仕事だと世間一般に捉えられがちだが、コンピュータやネットワークに関する知識と技能にも通じている必要がある。さらに、サービスを行ううえではコミュニケーション能力も必要だ。コミュニケーションの相手は利用者だけでなく、他の職員や他機関となることもある。様々な人とのやりとりが生じるので、臨機応変な対応も求められる。

9.1.3　学校の司書教諭と学校司書

学校図書館つまり、小学校（義務教育学校の前期課程及び特別支援学校の小学部を含む。）、中学校（義務教育学校の後期課程、中等教育学校の前期課程及び特別支援学校の中学部を含む。）及び高等学校（中等教育学校の後期課程及び特別支援学校の高等部を含む。）には「学校図書館」を設置することになっている。実際には「図書室」と呼ばれていることが多いが、設置の義務がある[3)]。

学校には、学校図書館の専門的職務を掌らせるため、司書教諭を置かなければならない。司書教諭になるには、教員免許に加えて司書教諭の課程の単位を取得している必要がある。教職課程と司書教諭課程を履修することになる[4)]。併せて、学校図書館の職務に従事する職員である学校司書を配置するよう努めるようにということになっている[5)]。

学校の場合は、児童や生徒に向けた支援以外にも、教員が授業に必要な資料や情報を収集する目的でも活用される。また、近年ではデジタル技術を利用した教育も盛んにおこなわれているため、多様なメディアを活用できる環境整備が求められ、そのための支援も必要だ。

9.1.4　大学図書館における司書

大学図書館には、公共図書館や学校図書館のような法的根拠はない。実際には、「大学設置基準」に基づいて設置されている。設置基準の第三十八条では、「大学は、教育研究を促進するため、学部の種類、規模等に応じ、図書、学術雑誌、電磁的方法（電子情報処理組織を使用する方法その他の情報通信の技術を利用する方法をいう。）により提供される学術情報その他の教育研究上必要な資料（次項において「教育研究上必要な資料」という。）を、図書館を中心に系統的に整備し、学生、教員及び事務職員等へ提供するものとする。」と記載されており、学生や教職員に対して教育研究を促進するための施設となっている。また、図書館には、その機能を十分に発揮させるために必要な専門的職員その他の専属の教員又は事務職員等を置くことが示されている[6)]。大学図書館における専門の司書資格は無いが、求められるスキルは多様であり、司書資格で学ぶ内容を活かす場は多い。

提供する資料や情報は、大学に設置されている学部の専門性により異なるため、その大学の専門分野への理解が重要となる。また、扱う資料も学術情報を中心とした内容となり、サービス内容も高度で専門的なものとなる。環境面でも、ラーニングコモンズといった通信環境と学生のグループ活動を可能とした設備を整えた施設を設置し、相談に応じたりもする（図1、図2）。図1のマンチェスター大学のように、24時間オープンしているところもある。図2の同志社大学の例では、グループ学習エリアの他に、プレゼンテーションができる大規模なエリア等多様なスペースを用意している。専門分野の資料に明るいだけでなく、多様なメディアを扱い、場を活かした活動を支援しながらコミュニケーションをとるなど、幅広い活躍が期待される。

9.2 時代による図書館サービスの変化と司書

図書館そのもの、図書館サービスは時代に応じて変化を遂げている。それは、有名なインドの図書館学者であるランガナタンの「図書館学の五法則」の5番目、「図書館は成長する有機体である」に示されているとおりである[7]。その時代に行われるサービスに、働く司書も対応しなくてはならない。ここでは、まず、今行われている現代の図書館ならではのサービスと司書の役割をみておこう。特に、近年注目されるものや変化が顕著なものを取り上げる。

9.2.1 課題解決型サービス

公共図書館で行われる、利用者のニーズに応じたサービスに「課題解決型サービス」がある。レファレンスサービスを伴って行われることが多く、利用者が抱える問題や解決したいことに資料や情報

図１　マンチェスター大学のラーニングコモンズ
「Alan Gilbert Learning Commons」24 時間利用可能
（マンチェスター大学ホームページより　https://www.library.manchester.ac.uk/locations-and-opening-hours/learning-commons/）（2024/09/08 accessed）

図２　同志社大学　ラーニングコモンズ
「クリエイティブコモンズ グループワークエリア」（上）
「クリエイティブコモンズ プレゼンテーションコート」（下）
（同志社大学ホームページより https://ryoshinkan-lc.doshisha.ac.jp/usage/groupwork_area.html）（2024/09/03accessed）

を提供したり、イベント等を開催したりして応えるものである。例として、「ビジネス支援」や「子育て支援」、「医療健康情報提供」「法務情報提供」等のサービスがある。

ビジネス支援サービスを実施している図書館は、ビジネススキルに関する資料や情報の提供だけでなく、創業・起業に役立つような資料・情報の提供、専門家による講演等を実施している。地域の様々な企業や商店、農家などと協力してその発展に寄与するような取り組みを実施しているケースもある。子育て支援サービスでは、妊娠、出産、育児に関する資料や情報を提供する。医療健康情報提供サービスでは、病気に関する資料や情報だけでなく、予防医学に関するもの、医療機関の紹介リスト等を用意することもある。図書館側は実際の治療に関する相談には乗ることができないが、あらゆる情報を用意して利用者の問題解決を支援する。法務情報提供サービスでは、法律上の問題や悩みを解決するための資料と情報を提供する。こちらも、図書館側が直接解決の方法を提示することはできないが、弁護士等の専門家を招いた相談の機会を設けることもある。

このようなサービスを企画し、実施するのも司書の役割で、利用者のニーズを把握したうえでのサービス提供を行う。「課題」は、ここで紹介したものよりも多岐にわたる。その課題を設定することも重要だ。生成 AI の活用は、その時のアイディアの参考になるかもしれない。

9.2.2 電子図書館と電子的サービス

図書館といえば、建物がありそこに図書をはじめとする資料があり、司書などの職員が利用者に対応する、そういった光景を想像する人がほとんどだろう。しかし、インターネットの普及によりメールを通じた利用者とのやりとりが出来るようになり、貸出の予約などもネット上から簡単に出来るようになった。これらは、従来のサービスの一部をネットワーク上のシステムで行う電子的なサービスである。

それに加えて、さらに図書館の資料そのものを電子化つまり画像にして提供したり、最近では書棚を画像にして公開したりする例もある。図書館の建物や設備も画像にして提供している事例もある。いわば、図書館そのものが電子化されていくということだ。「電子図書館」という言葉自体は、実はインターネットが一般に普及するよりもかなり前に唱えられていた。しかし、それが実現するのはだいぶ先で、今やっとその時になっている。

ジョン･ポールフリー著『ネット時代の図書館戦略』(2016)の中で、「まもなくどの図書館も、デジタル技術の拡張と展開に精通した非常に頼もしい……（中略）……司書を、少なくとも数名は雇うことになるだろう。理想としては、多くの利用者の情報ニーズに合うような新しいデジタル環境の創造にかかわっている司書がほとんどの図書館にいるのが望ましい。」という件がある[8)]。これはアメリカの話をしているのだが､日本を含め他の国も同じような状況だろう。コロナ禍（コロナウィルス感染症の流行）の際に、対面でのやり取りに制限が生じたため、オンラインやデジタル資料の利用が大きく貢献した。デジタル技術の進歩だけでなく、利用する側の範囲も大きく広がった。日本の大学図書館でも、オンライン会議システムを利用したレファレンスサービスを開始するなど、これまでになかったデジタル形式のサービスに取り組んだ。実際にサービスを行うにあたり、コミュニケーションをとるだけでなく、デジタルツールを駆使する能力も必要となる。

九州大学附属図書館では、図書館 TA が企画・実施するサイエンスカフェ形式のリーズイベント Cuter Café を 2014 年度から開催しており、定例の講習会以外に学習・研究に役立つ情報を提供するこのイベントを提供していたが、コロナ禍の 2020 年では、オンラインの会議システムである Zoom での開催を試みている（表 2）[9)]。もし、図書館がデジタル技術を活用できなければ、このようなイベ

開催日	回次	テーマ	場所	人数
2021/12/21	13	話す・聞く・話し合う　ディメートに学ぶコミュニケーション	Zoom	8
2021/1/13	14	英語プレゼン & エッセイ入門講座	Zoom	47
2021/3/10	15	先輩内定者が語る修士・博士での就活体験談	Zoom	38
2021/6/12,19	16	九大での学生生活にどう取り組むか	Zoom	92
2021/7/21	17	はじめての R 講座	理系図	19
2021/7/26	18	よりよく話したい人のために	Zoom	37
2021/9/24	19	はじめての R 講座＜ revival>	理系図	17

表２　九州大学で開催されたオンラインイベント Cuter Café
出所：渡邊由紀子「COVID-19 下の大学図書館におけるレファレンスサービスの拡充ー九州大学附属図書館の実践例から」[9)]「2020 年度～ 2021 年度前期 Cuter Café 一覧」

ントは見送られてしまっていただろう。

資料の検索や予約など従来からオンラインで行われていたサービスに加え、対面で行うサービスも図書館員の努力によってオンラインで実現され、これまで以上に利用者に利用の機会を広く提供することになった。

9.2.3　障害者向けサービス

障害者サービスは、資料面と設備面でその利用者に合ったサービスが提供される。視覚障害者に向けては、資料は点字や音声による録音資料、弱視の人を対象になした大活字本などがある。通常のサイズの文字を拡大してモニタに映す拡大読書器や、対面で図書を読み上げる対面朗読のサービスもある。

聴覚障害者に対しては、映像資料として手話や字幕付きのものを用意する、対応する際は筆談に応じる、利用者側が読唇で相手の話を把握するといったことがある。近年は、図書館が YouTube 等の動画サイトを利用して、利用者へ案内や図書館の PR をするケースが多々見られるが、その際も、手話や字幕を付けて作成しているようだ。

その他、学習障害者に向けた資料提供もある。例として、LL ブックという、やさしい文章で書かれ、写真、イラストを用い、視覚的に分かりやすく表現されたものがある。内容には、行動を絵記号で説明できるピクトグラムなども用いられている。誰でも楽しめるもので、知的障害のある方や日本語が母国語でない方なども対象に想定している。元々はスウェーデンの発祥で、LL はスウェーデン語の Lättläst（レットラスト）の略で、やさしく読める図書という意味をもつ。日本では、まだ点数が少ない状況であるが、少しずつ増加している。動画と音声、字幕がセットになったマルチメディア DAISY もよく利用される。パソコン、携帯タブレット、スマートフォン、専用再生機等で利用でき、インターネットでダウンロードできるものもある。

障害者向けの資料は、専用の資料の検索ができるシステムもあり、条件を設定してそれに合った資料を探すことが出来る。国立国会図書館が提供する国立国会図書館障害者用資料検索「みなサーチ」は、2024 年１月に公開された[10)]。

多種多様な資料と、それに付随するシステムや設備を熟知し、利用者の障害の状況に合ったサービスを提供する。また、2019 年（令和元年）には、「視覚障害者等の読書環境の整備の推進に関する法律」（読書バリアフリー法）が成立し、障害の有無に関わらず、全ての国民が等しく読書を通じて文字・活字文化の恵沢を享受することができる社会の実現に向けて、視覚障害者等の読書環境の整備を総合的かつ計画的に推進することが求められるようになった[11)]。近年図書館の蔵書でも増加傾向にある電子書籍は、文字の大きさ・色・

フォント・背景の色を変えたり、音声で聴いたりすることができるものも増えている。こういったものを活用すれば、何らかの事情で読書を諦めていた人も読書を楽しむことができる。

障害者向けのサービスといっても、どのような障害をもっているかその程度もそれぞれであるから、提供する資料やサービスの方法もそれに合わせて臨機応変に対応することが必要だ。

9.2.4 高齢者向けサービス

少子高齢化社会の現在では、従来からの乳幼児サービス、児童サービス、ヤングアダルトサービスといった年齢層別のサービスに加え、高齢者サービスへの取り組みに注目が集まる。令和4年時点の我が国の高齢化率は29.0％となっている。具体的には、65歳以上人口は、3,624万人、総人口に占める65歳以上人口の割合（高齢化率）は29.0％。65～74歳人口は1,687万人、総人口に占める割合は13.5％。75歳以上人口は1,936万人、総人口に占める割合は15.5％という構成だ[12)]。

図書館では、大活字本や拡大読書器、電子書籍などのメディアの活用や興味関心を想定したテーマの資料収集など資料面での対応をしたり、自動ドア、エレベータ、スロープ、エスカレータ、多目的トイレ、車椅子、階段昇降機、階段の手すりを設置するなど施設・設備面での対応をしたりしている。いずれも、高齢者以外の対象者にも広く活用できるものである[13)]。

認知症の支援サービスもよく行われる例である。IFLA（国際図書館連盟）は、「認知症の人のための図書館サービスガイドライン」を2007年に発表している。そこには、「公共図書館のサービスは、すべての人々の情報および余暇活動のニーズにこたえることとされているにもかかわらず、多くの公共図書館では、認知症の人に対する特別なサービスを提供していない。民主主義社会においては、文化、文学および情報にアクセスする権利は、障害者を含むすべての人に与えられている。生活の質は重要な要素であり、誰もができる限り長く社会に完全参加する権利を持っている。」と、その必要性が記されている。また、「認知症の人にサービスを提供する図書館員は、認知症関連の疾病について豊富な知識を身につけ、これらの利用者がどのように反応するかを知る必要がある。図書館員がこの分野の専門家に相談し、関連のある研修や会議に参加し、できればよき指導者とともに、しばらくの間、介護施設で認知症の人を観察することが強く勧められる。サービス計画を成功させるには、複数の専門家による協力が重要である。」とあるように、図書館員が専門的な知識を必要とすることも分かる[14)]。

9.2.5 「場」としての図書館

近年の図書館でよく見かけられる機能として、「場」としての図書館機能がある。背景には、知識を残すための図書館から、資料の利用を通して知識を得るための図書館、情報の利活用、交流し、創造する図書館と機能やサービスが加わっていったという流れがある(図3)。従来からの機能である資料や情報の蓄積と管理も維持しながら、そういった資料と情報を利用して知識を得て、さらには図書館がもつ信頼性の高い資料や情報を活用し、学びの機会を得たり、交流したり、新しい物事を創造する。

利用者が図書館で学び、交流をし、新たな創造をする場合に大事になるのは、図書館側からの「しかけ」である。資料の利用を促進するようなアプローチや、交流の場でのファシリテータの役割、創造を促す設備・施設の整備等が無ければ、なかなか実現するのは難しい。効果的に機能を果たすには、人的な支援が必要不可欠である。

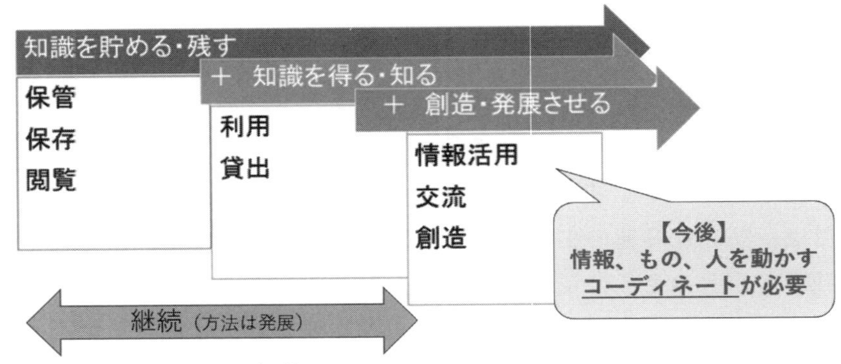

図３　図書館サービスの経緯

図書館での「多文化サービス」においても、選書やアクティビティの実施の過程で、いかに外国人住民やボランティア等の参画や協力を得られるかは、司書のコーディネート力にかかっていることが指摘されている[15)]。現代の司書は、コーディネータ的な存在にもならなくてはならないだろう。

9.3　これからの「司書」

これまでの資料やサービスの変化をみたうえで、これからの司書に求められることについて検討してみたい。

9.3.1　これからの司書に求められるスキルと専門性

高度情報化の社会において、デジタル技術、ICT（Information and Communication Technology；情報通信技術）に通じていて、それを利用しながら効率よくサービスが提供できることが求められるのは周知のとおりである。これは、司書だけでなく様々な人材に求められることだ。特に、コロナ禍以降その傾向は顕著である。単に知識があり、メディア等を熟知しているだけではなく、それを利用してどう生かすかを検討し工夫することで、社会と利用者のニーズに合った効果的なサービスが提供できる。このような事の必要性は、2022年にリニューアルされた「IFLA-UNESCO公共図書館宣言2022」にも見て取れる[16)]。リニューアル前の「ユネスコ公共図書館宣言」（1994）に比べると、「デジタル」という用語がかなり増加している。司書の資格課程の中でも、デジタル技術の活用に関わる内容が今後さらに増加していくだろう。

大学図書館では、デジタル・トランスフォーメーション（DX）の影響を受け、科学の新しいシステムの構築（オープンサイエンスとデータ駆動型研究の推進）が求められている。今後の教育・研究における利用に適した形で「デジタル・ライブラリー」として大学の様々な活動を支える必要がある。「デジタル・ライブラリー」とは、1990年代に盛んに議論された「電子図書館」構想を更に進めたものであり、コンテンツのデジタル化を経た結果として意識される、運営やサービス、職員の知識やスキルの変革などを内包する形で自身のＤＸを推進する大学図書館のことを指す。2023年に、オープンサイエンス時代における大学図書館の在り方検討部会は、この「デジタル・ライブラリー」を、大学図書館の本質を具現化するそのあるべき姿として、2030年度を目途に実現するものと位置付けて検討結果を報告している[17)]。デジタル技術を活かし、図書館がもつコンテンツを運用し、サービスはさらにコンテンツに付加価値を付けて提供していくものとなっていくだろう。さらに先にはどうなるだろうか。今まで以上のものがデジタル化され、〝図書館そのもの〟がネットワークを通じて外部から体験できるかもしれない。それでも、コーディネートする司書は必要であり、より高度なスキルが求められるだろう。大学図書館や研究機関では、データを選択・整理・

管理・保存するだけではなく、付加価値を高めて第三者による再利用を可能にするデータキュレーションの役割を担うことも期待される。

障害者や高齢者といった特定利用者層に向けて、きめ細やかなサービスが出来るというのも重要だ。バリアフリーへの対応は、社会からの需要も高い。多様な人々が共存できる社会を目指す動きがある中で、広く開かれた図書館にはそれに応えてほしいという期待も高い。日本図書館協会は、2015年12月に「図書館利用における障害者差別の解消に関する宣言」を発表した。その内容は、「障害者の権利に関する条約（障害者権利条約）」が、第二十一条で締約国に「障害者に対し、様々な種類の障害に相応した利用しやすい様式及び機器により、適時に、かつ、追加の費用を伴わず、一般公衆向けの情報を提供すること」を求めていることに留意し、障害者との意思疎通に努め、全国のすべての図書館と図書館職員が、合理的配慮の提供と必要な環境整備とを通じて、図書館利用における障害者差別の解消に、利用者と手を携えて取り組むことを宣言するというものだ[18)]。現在、司書課程の科目の中に対象者別のサービスとして、「児童サービス」が組み込まれているが、これからは「障害者サービス」「高齢者サービス」といった対象者への内容もますます重要となる。

また、専門的なサービスとして「課題解決型サービス」を検討し、実践していく企画力や情報提供能力も資格課程の段階から習得できるとよいのではないか。対象となる「課題」は、時代とともに変化していく。社会状況を読みながら、課題を設定し、それに応じたサービスを企画検討し、さらには適切な情報収集をする。従来の「情報サービス」の枠を超えた発展的な取組ができると、図書館の理念である「利用者のニーズに応じた」サービスができるだろう。

9.3.2　制度と経営

図書館に関連する法制度も今後ますます変化し、増えていくだろう。例えば、図書館が経営・運営のよりどころとする図書館法や学校図書館法、大学設置基準が改正されることがある。また、情報や著作権、プライバシーに関する法制度の改正や新設にも配慮する必要がある。利用者のニーズに合ったよりよいサービスを提供していくことは勿論重要だが、技術の進歩により出来ることが増えるとともに、情報の複製や拡散も容易になっていく。それに応じて、関連する法制度はより多く複雑になっていくものと思われる。司書は、そういった点にも留意しながらサービスを行わなくてはならないし、管理する側はそれに合った経営方針や理念を検討しなくてはならない。

経営には、マーケティングの手法の導入もみられるようになってきたが、これからはデータを効果的に利用しながら、利用者のニーズを把握していくことになるだろう。ビッグデータの活用やデータマイニングといった手法による図書館の業務やサービスの分析、蔵書の分析などが考えられる[19)]。その際にも、法制度に則って実践していく必要がある。

かつて、図書館での飲食や会話は禁止されることが多かったが、現在はだいぶ異なり、カフェの併設や利用者どうしの会話を促す場の提供も見られる。創造の場として、「メイカースペース」を設置する図書館も増えている。これからは、レクリエーション的な要素がさらに強まっていくだろう。それも、単純なものでなく、人々の生涯学習や人生の充実に寄与するような計画性のあるものだ。しかし、娯楽施設になるということではなく、伝統的な資料と情報の蓄積と保存、提供を基盤としたうえで、より気軽に楽しく利用できる施設となっていくということである。あらゆる文化を集合させて、発展させる施設になる可能性を秘めている。「図書館」という代わりに「情報館」というような名称を使う施設も出てきている。今後は、さらに人と文化を融合させてゆくだろう。その時に、司書は人と文化をうまくコーディネートし、活動を促進させる担い手となってゆく必要がある。デジタル技術やAIは、ツールであり業務や活動を助けるものである。それを駆使して活躍するような、総合的な能力を備えた情報・文化のスペシャリストが将来の司書の姿かもしれない。図書館という施設を効果的に効率よく運営し、社会を醸成させていくような経営的視点も管理職になれば必要だ。これまでの「図書館学」「図書館情報学」に含まれていないような他分野にも目を向け、実践的に活用していくことが望まれる。高い専門性を持ちながら、広く社会や文化、学問を俯瞰して扱えるような人材が将来の司書の姿かもしれない。

【注・参考文献】

1）「図書館法　第四条」（e-gov 法令検索　https://laws.e-gov.go.jp/law/325AC0000000118#Mp-Ch_1）（2024/09/01accessed）
2）「図書館法　第五条」（e-gov 法令検索　https://laws.e-gov.go.jp/law/325AC0000000118#Mp-Ch_1）（2024/09/01accessed）
3）「学校図書館法　第二条、第三条」（e-gov　法令検索　https://laws.e-gov.go.jp/law/328AC1000000185）（2024/09/02accessed）
4）「学校図書館法　第五条」（e-gov　法令検索　https://laws.e-gov.go.jp/law/328AC1000000185）（2024/09/02accessed）
5）「学校図書館法　第六条」（e-gov　法令検索　https://laws.e-gov.go.jp/law/328AC1000000185）（2024/09/02accessed）
6）「大学設置基準　第三十八条」（e-gov　法令検索 https://laws.e-gov.go.jp/law/331M50000080028#Mp-Ch_8）（2024/09/03accessed）
7）原文は、「A library is a growing organism.」となっている。

8)　ジョン・ポールフリー著『ネット時代の図書館戦略』2016、原書房。(p.163)
9)　渡邊由紀子「COVID-19 下の大学図書館におけるレファレンスサービスの拡充－九州大学附属図書館の実践例から」(特集：デジタルレファレンスサービスの未来)、『情報の科学と技術』72 巻１号、2022、情報科学技術協会。
10)　「みなサーチ」https://mina.ndl.go.jp/（2024/09/03 accessed）
11)　「視覚障害者等の読書環境の整備（読書バリアフリー）について」（文部科学省 https://www.mext.go.jp/a_menu/ikusei/gakusyushien/1421441.htm）（2024/10/03 accessed）
12)　「令和５年版高齢社会白書（全体版）　令和４年度　高齢化の状況及び高齢社会対策の実施状況」（内閣府　https://www8.cao.go.jp/kourei/whitepaper/w-2023/html/zenbun/index.html）（ 2024/10/05accessed）
13)　『超高齢社会と図書館：生きがいづくりから認知症支援まで』「第４章　超高齢社会における図書館サービスの課題とこれから」（国立国会図書館　https://dl.ndl.go.jp/pid/10338812/1/7）（2024/10/04 accessed）
14)　「認知症の人のための図書館サービスガイドライン」https://www.dinf.ne.jp/doc/japanese/access/info/IFLA_Guidelines.pdf（2024/10/04 accessed）
15)　「図書館の多文化サービス：外国人住民のウェルビーイングのための司書のコーディネート力に着目して」（特集：あらゆる人々に情報を届けるために）、『情報の科学と技術』74 巻 10 号、2024、情報科学技術協会。
16)　「IFLA-UNESCO 公共図書館宣言 2022」（日本図書館協会　https://www.jla.or.jp/library/gudeline/tabid/1018/Default.aspx）（2024/09/10 accessed）
17)　「オープンサイエンス時代における大学図書館の在り方について（審議のまとめ）」（科学技術・学術審議会・情報委員会・オープンサイエンス時代における大学図書館の在り方検討部会 https://www.mext.go.jp/b_menu/shingi/gijyutu/gijyutu29/004/mext_00001.html）（2024/10/02 accessed）
18)　「図書館利用における障害者差別の解消に関する宣言」（日本図書館協会 https://www.jla.or.jp/demand/tabid/78/Default.aspx?itemid=2785）

（2024/09/24 accessed）
19）「図書館利用データの解析とその活用」（特集：図書館利用者をデータで把握する）『情報の科学と技術』69巻3号、2019、情報科学技術協会。

◆執筆者一覧

野口 武悟（1 章，3 章，6 章）
専修大学文学部教授・放送大学客員教授。『読書バリアフリーの世界―大活字本と電子書籍の普及と活用』（三和書籍　2023）など著書多数

新藤 透（1 章，2 章，8 章）
國學院大學文学部教授。著書に『日本の図書館事始―日本における西洋図書館の受容』（三和書籍 2023）など

千 錫烈（1 章，5 章，7 章，8 章）
関東学院大学社会学部教授。共著に『Web で学ぶ情報検索の演習と解説―情報サービス演習』（日外アソシエーツ　2023）など

長谷川 幸代（1 章，4 章，9 章）
跡見学園女子大学文学部准教授。共著に『情報資源組織論』（東海大学出版会　2020）など

◆執筆協力

加藤 重男　北海道図書館研究会 会長（3 章）
細川 博史　株式会社 図書館流通センター（TRC）取締役（1 章）

2050年の図書館を探る
—何が変わり・変わらないのか

2025年3月25日　第1刷発行

編 著 者／野口武悟・新藤透・千錫烈・長谷川幸代
発 行 者／山下浩
発　　行／日外アソシエーツ株式会社
〒140-0013 東京都品川区南大井6-16-16 鈴中ビル大森アネックス
電話 (03)3763-5241（代表） FAX(03)3764-0845
URL https://www.nichigai.co.jp/

組版処理／クリエイティブ・コンセプト
印刷・製本／株式会社平河工業社

《中性紙北越淡クリームキンマリ使用》
ISBN978-4-8169-3041-6　*Printed in Japan,2025*